Planifica tu éxito
con una mente extendida

Planifica tu éxito con una mente extendida

El método definitivo de efectividad personal

José Miguel Bolívar
y Jordi Fortuny

CONECTA

Los libros de Conecta están disponibles para promociones y compras
por parte de empresas, con condiciones particulares para grandes cantidades.
Existe también la posibilidad de crear ediciones especiales, incluidas con
cubierta personalizada y logotipos corporativos, para determinadas ocasiones.

Para más información, póngase en contacto con:
edicionesespeciales@penguinrandomhouse.com

Papel certificado por el Forest Stewardship Council®

Primera edición: marzo de 2025

© 2025, José Miguel Bolívar y Jordi Fortuny
© 2025, Penguin Random House Grupo Editorial, S. A. U.
Travessera de Gràcia, 47-49. 08021 Barcelona

Printed in Spain – Impreso en España

ISBN: 978-84-18053-06-1
Depósito legal: B-716-2025

Compuesto en M. I. Maquetación S. L.

Impreso en Black Print CPI Ibérica, S. L.
Sant Andreu de la Barca (Barcelona)

CN 5 3 0 6 A

Índice

SEGUNDA PARTE

Buenas prácticas sencillas para ejecutar con elegancia

TERCERA PARTE
Un recurso ilimitado para maximizar tu efectividad

EPÍLOGO

Introducción

La inteligencia es la habilidad de adaptarse
al cambio.

STEPHEN HAWKING

Distinto de lo que esperabas
y justo lo que necesitas

Hacer planes es arriesgado siempre, pero hay un campo en el que al planificar te juegas —literalmente— la vida: el de batalla. No es de extrañar, por ello, que haya tantas citas famosas sobre planificación atribuidas a militares brillantes.

Por ejemplo, tal vez te suene la frase «Ningún plan sobrevive al contacto con el enemigo». ¿Significa esto que los planes no sirven de nada y que, por lo tanto, podríamos ahorrárnoslos? Por supuesto que no. De hecho, esta cita se atribuye al mariscal de campo Helmuth Karl Bernhard von Moltke, apodado «el Viejo», que era considerado un excelente planificador.

También es probable que te resulte familiar el nombre del general George S. Patton, uno de los militares más férreos e implacables en la lucha contra la Alemania nazi durante la Segunda Guerra Mundial. Lo que quizá no sabes es que Patton se llevaba bastante mal con el mariscal Montgomery, su homólogo europeo. En parte, porque uno era norteamericano y el otro, británico, pero sobre todo porque Patton consideraba a Montgomery un pusilánime. «Pretende adaptar la realidad a sus planes cuando lo que hay que hacer es adaptar los planes a la realidad», se quejaba Patton. Si esta afirmación fuera cierta, nosotros tampoco nos habríamos llevado demasiado bien con Montgomery.

Una de las conclusiones que podemos sacar de estas citas militares es que los términos «plan», «planificar» o «planificación» distan mucho de tener un significado único y homogéneo. Más bien al contrario, pues encierran una diversidad de significados que, a su vez, representan visiones, enfoques e incluso posicionamientos personales a menudo contrapuestos y casi siempre controvertidos.

Además, sabemos por experiencia que la gente también llama «planificar» a cosas que, al menos para nosotros, no lo son. Un ejemplo típico es confundir «planificar» con «calendarizar», ya que esto es lo que suelen enseñarnos en la escuela. ¿O tú no eres de los que al oír la palabra «planificación» se van corriendo a buscar el calendario o la agenda?

En cualquier caso, lo más probable es que el contenido de este libro te sorprenda. En gran medida, porque se parecerá poco a lo que te hayan contado hasta ahora sobre el tema —a no ser que ya nos conozcas o nos hayas leído u hayas oído hablar antes acerca de lo que entendemos por «planificación»—, pero, por encima de todo, porque mucho de lo que encontrarás aquí será distinto de lo que esperas. Y esto no solo es bueno, sino que es fantástico.

Como comprobarás pronto, la planificación tradicional funciona de forma muy desigual; hay ocasiones en las que funciona bien, otras donde lo hace regular y otras —en número creciente— en las que no funciona en absoluto. Y por eso creemos que este libro es justo lo que necesitas. Porque filtra y aprovecha lo que funciona de la planificación tradicional —descartando el resto—, pero no se queda ahí. De hecho, hace todo lo contrario: primero lo amplía y enriquece desde un enfoque actual y realista, y luego lo dota de las herramientas y buenas prácticas más dinámicas y efectivas.

Porque, si bien es cierto que la planificación ya no es lo que era, los problemas que nos acercan a ella siguen siendo los de siempre. Por si aún te queda alguna duda sobre cuánto necesitas este libro, te ofrecemos a continuación una muestra variada de situaciones que personas como tú comparten con nosotros a diario. Estamos convencidos de que más de una de estas situaciones te resultará familiar:

- Haces planes que luego no se cumplen o se cumplen solo de manera parcial.
- A veces tienes la sensación de que pierdes mucho tiempo planificando.
- Sientes que los planes no se cumplen porque escapan a tu control.
- Te parece que revisar y reajustar constantemente un plan es ineficiente; lo eficiente es pensarlo todo bien desde el principio y luego seguir al pie de la letra lo planificado.
- Te cuesta priorizar todos los temas que tienes abiertos.
- Piensas que hacer el trabajo sin haberlo planificado antes es trabajar mal.
- Crees que si priorizaras mejor, te daría tiempo a hacer más cosas.
- Tienes la sensación de que el mundo no deja de moverse bajo tus pies y de que así es imposible organizarse.
- Te esfuerzas para que tus planes se cumplan y eso te genera ansiedad o estrés.
- Te agobia la idea de que se te olvide algo importante relacionado con los asuntos que están bajo tu responsabilidad.
- Por más que lo planificas, pasan los días y no logras ponerte con cosas que tienes o quieres hacer.
- Cuando está a punto de cumplirse un plazo, te sientes mal y piensas que te podrías haber organizado mejor.
- Tienes la sensación de que lo profesional siempre acaba dejándote sin tiempo para lo personal (o al revés).
- Sientes que se te escapa el tiempo y que no llegas a todo lo que quieres hacer.

• Crees que planificar sería más fácil si contaras con la herramienta adecuada.

Llegados a este punto, la buena noticia es que todas estas situaciones cotidianas tienen solución. Sin embargo, no las encontrarás en la planificación tradicional y mucho menos en los famosos *tips* (consejos) que enseñan en los cursos de gestión del tiempo.

Sí, somos un poco insistentes con este tema, pero lo hacemos con la mejor de nuestras intenciones: retarte a abandonar los lugares comunes a donde nos lleva el pensamiento único, ayudarte a desarrollar tu sentido crítico y apoyarte para que no te sientas un bicho raro cuando discrepes de las opiniones mayoritarias.

Nos hará mucha ilusión cuando te atrevas a cuestionar lo que conoces sobre la planificación, pues este libro nace con la intención de romper moldes y de invitarte a explorar otras perspectivas —más frescas y prácticas—, que poco o nada tienen que ver con la planificación tradicional. Si te animas a hacerlo descubrirás que, aunque sea distinto de lo que esperabas, es justo lo que necesitas.

Qué significa planificar tu éxito con una mente extendida

Si nos conoces, sabrás que detestamos hacer las cosas porque sí y que siempre nos gusta hacerlas con un propósito. Un buen ejemplo de ello fue la elección del título de este libro.

Queríamos dejar claro que no se trata de otro libro más sobre planificación, ni en cuanto al significado y posibilidades que otorgamos a esta palabra, ni en cuanto al objetivo que nos planteamos al escribirlo: tu éxito.

También queríamos apartarnos de los clásicos libros de autoayuda y aclarar que el éxito al que nos referimos no es el éxito en general, sino un éxito concreto que definirás tú y, por tanto, adoptará la forma que tú quieras.

Por último, queríamos dejar claro que el grado de aprovechamiento de lo que aquí encontrarás será independiente del sistema de organización y gestión de recordatorios que utilices, aunque alcanzará su máximo potencial si dispones de una mente extendida, ya que esta es la base del método OPTIMA3® del que trata nuestra trilogía.

Empecemos por el principio y, en concreto, por el significado de «planificar». Como ya hemos adelantado en alguna ocasión, las palabras «plan», «planificar» y «planificación» tienen diversos significados. Esto obedece a dos razones.

La primera razón es que sus significados han evolucionado con el tiempo, por lo que los más recientes difieren notablemente de los más antiguos. Por este motivo, muchos de esos significados han quedado anticuados o incluso obsoletos, aunque todos sean correctos en sentido estricto.

La segunda razón es que hay quienes utilizan esas palabras de forma errónea. El error más común es incurrir en un tipo de metonimia que consiste en sustituir el todo por una parte, es decir, llamar «plan», «planificar» o «planificación» a una sola de las muchas actividades que abarcan estos conceptos y que solo representa una mínima parte de lo que significan.

Como puedes suponer, esa multiplicidad de significados e interpretaciones es el caldo de cultivo ideal para los malentendidos. Debido a esta circunstancia, varias personas pueden emplear dichas palabras en una misma conversación creyendo que hablan de lo mismo y, sin embargo, estar refiriéndose a cosas muy distintas. Lo peor de todo es que, cuando esto ocurre, nadie es consciente de ello. No hablamos de un caso hipotético. A nosotros nos pasó en más de una ocasión cuando empezábamos a dedicarnos profesionalmente a acercar la efectividad a personas y organizaciones.

Como consideramos imprescindible que estos conceptos queden claros, hemos querido dedicar un espacio en el libro a explicar su significado actual en el campo de la efectividad personal. Para ponerlos en contexto y que se entiendan mejor, hemos incluido también qué significan en otros campos —como, por ejemplo, en el de la gestión del tiempo o en el de la planificación tradicional—, así como los errores de interpretación más habituales.

Continuemos ahora con la elección de la expresión «tu éxito» para la parte central del título de nuestro libro. Por desgracia, esta palabra ha sido víctima de un sobreuso sin precedentes en los últimos años por parte de gurús e influencers del pensamiento positivo y del desarrollo personal. Como consecuencia de esta situación, su significado original ha perdido nitidez y, con ello, valor; ahora «éxito» puede significar cualquier cosa, lo que en la práctica equivale a no significar casi nada.

Por eso, nos parecía imprescindible aclarar qué entendemos nosotros por éxito —no solo en este libro en particular, sino también en el campo de la efectividad personal en general— y, sobre todo, a qué nos referimos cuando hablamos de «tu éxito» (el cual, por cierto, solo puedes definirlo tú).

De acuerdo con lo anterior, entendíamos que también era necesario aclarar que no se trataba de un libro más sobre planificación personal y mucho menos sobre planificación tradicional de proyectos empresariales. De hecho, es lo contrario. El libro se centra solo en la parte de la planificación que te puede ser útil a ti y está enfocado de tal manera que puedas aplicarlo con independencia del uso que quieras darle, sea este personal o profesional.

Y llegamos así al final del título: «... con una mente extendida». En este caso, incluir la expresión «mente extendida» era algo obligado al tratarse de un libro que pertenece a la trilogía del mismo nombre. Sin embargo, había otro par de buenas razones adicionales, que por sí solas también habrían justificado esta decisión. Nos referimos a que incluir «mente extendida» en la parte final del título nos facilitaba dos cosas.

Por un lado, daba pie a que pudiéramos integrar la ejecución o implantación del plan dentro de los conceptos «planificar» y «planificación», ya que para nosotros la ejecución es parte inseparable de la planificación.

Y por otro lado, nos brindaba la ventaja de poder ofrecer la posibilidad de utilizar una mente extendida como opción preferente, dejando en tus manos la elección final sobre qué herramienta de organización usar. Así, quienes no hayan leído nuestro primer libro podrán aprovechar este en su totalidad, mientras que quienes sí lo hayan leído recibirán un bonus extra para seguir aprovechando y disfrutando al máximo su mente extendida.

Las Tres Leyes de la Planificación y sus consecuencias

De entre la diversa información que encontramos al indagar un poco en la etimología de la palabra «plan», hubo tres ideas relacionadas con su significado que nos llamaron la atención de manera especial. El motivo no fue su descubrimiento, ni tampoco que nos revelaran nada nuevo o desconocido. Solo eran ideas que nos resultaban familiares, no tanto porque las supiéramos, sino porque en cierto modo las intuíamos.

La primera de estas ideas guarda relación con la temporalidad. Estarás de acuerdo con nosotros en que un plan es, entre otras cosas, una representación que realizamos en el presente de cómo nos gustaría que fuese algo en el futuro.

Esta idea surgió a raíz de uno de los hallazgos que más nos llamó la atención: «plan» y «proyecto» son sinónimos. «Proyecto» viene de «proyectar», que consiste en hacer proyecciones. Cuando las haces, lo que proyectas son imágenes. Estas imágenes pueden ser físicas, y entonces las proyectarías con un proyector, o mentales, en cuyo caso las visualizarías en tu mente. De aquí resulta la primera idea: un plan es una imagen mental —una proyección— que representa en el presente el estado deseado de algo en el futuro.

La segunda idea tiene que ver también con la temporalidad, pero desde otra perspectiva: la naturaleza forzosamente volátil y cambiante de todo plan. Para evitar confundir esta temporalidad con la de la idea anterior, en lo sucesivo nos referiremos a ella como «adaptabilidad».

Decíamos que «proyecto» es un sinónimo de «plan», pero no el único. Por ejemplo, otros significados que aparecen de forma recurrente asociados a la palabra «plan» son: esquema, intención o tentativa. Los tres tienen en común que transmiten el carácter cambiante de «plan». Nos referimos a que los planes definitivos no existen, es imposible que no cambien. Todo plan tiene que cambiar por necesidad, debe adaptarse a la realidad; la plasticidad forma parte inseparable de su naturaleza.

Tal y como nosotros lo entendemos, si un plan no cambia, deja de ser un plan y pasa a ser algo distinto (profundizaremos en ello más adelante). Esto nos lleva a la segunda idea que estamos explicando: un plan es una intención inicial (subjetiva) que se actualiza a medida que la realidad (objetiva) cambia. Dicho de otro modo, un plan nunca es una ruta fija, sino una guía flexible que evoluciona con la realidad y se adapta a ella. Si asimilas esto, y reconcilias de manera habitual tus deseos con la realidad, no solo evitarás la frustración sino que te resultará mucho más fácil planificar tu éxito.

La tercera y última idea es, para nosotros, la más novedosa. En este caso, el hallazgo fue que las palabras «plan» y «plano» guardan una estrecha relación etimológica. Entre otras acepciones, «plano» es el nombre que se le da a una superficie plana (o llana) y sin obstáculos. Esto validaba nuestra convicción sobre la finalidad principal de todo plan, que a su vez es el resumen de esta tercera idea: el propósito de un plan es aportar claridad, es decir, allanar el terreno hacia la consecución del resultado eliminando los obstáculos mentales.

Por extensión de estas tres ideas relacionadas con «plan», y a modo de resumen, tenemos que:

- «Planificar» significa proyectar, es decir, visualizar imágenes mentales que representan en el presente resultados deseados en el futuro.

- «Planificar» también significa hacer un esquema, una declaración de intenciones o una aproximación tentativa a cómo vamos a hacer real esa imagen que hemos visualizado o, en otras palabras, a cómo vamos a conseguir el resultado deseado.
- Por último, «planificar» significa realizar actividades orientadas a ganar claridad, una claridad que procederá de prever necesidades y situaciones probables y de anticipar posibles riesgos y oportunidades; en resumidas cuentas: procederá de pensar.

Ya solo nos quedaría por definir el significado de «planificación», que es el más sencillo de todos: la acción y el efecto de planificar.

A partir de estas ideas que acabamos de exponer, es fácil deducir cuáles son los requisitos que deben cumplirse para que algo pueda ser considerado un plan.

Por su trascendencia, hemos querido ir un paso más allá y dar a estos requisitos carácter de ley. Y así, emulando al gran Isaac Asimov cuando en 1942 enunció las mundialmente conocidas Tres Leyes de la Robótica, enunciamos nosotros ahora las Tres Leyes de la Planificación. Así pues, para ser considerado como tal, todo plan debe, necesariamente:

1. Incluir una proyección del resultado futuro que se desea alcanzar.
2. Asumir su carácter provisional, imperfecto y sujeto a cambios.
3. Aportar claridad a la consecución del resultado.

Gracias a estas tres leyes, ahora dispones de un criterio sólido con el que podrás evaluar, de manera rápida, sencilla y sin miedo a equivocarte, si lo que tienes ante ti es de verdad un plan o si, por el contrario, es otra cosa.

El significado real de «éxito»
y cómo definir el tuyo

Paul Dolan es un profesor británico de Ciencias del comportamiento en la London School of Economics y se le considera uno de los principales referentes en el campo de la felicidad, la toma de decisiones y el comportamiento de los consumidores. Además de colaborar como asesor de diversas organizaciones gubernamentales del Reino Unido, es autor de varios libros.

Uno de ellos en particular, *Diseña tu felicidad*, es para nosotros una obra clave en el ámbito de la efectividad personal. Si leíste nuestro libro *Recupera tu vida con una mente extendida*, tanto el nombre de Dolan como el título de su obra te resultarán familiares, ya que les dedicamos uno de los capítulos del epílogo.

Buena parte de tu felicidad, bienestar, satisfacción vital, plenitud personal o como prefieras llamarlo está muy condicionada por las circunstancias en las que te ha tocado vivir. Pero hay otra parte que no. Paul Dolan, Stephen Covey, nosotros y otros muchos autores pensamos que el destino no está escrito en piedra y que las personas siempre tenemos un cierto margen de libertad para tomar decisiones en nuestra «zona de influencia» (término acuñado por Covey en su libro *Los 7 hábitos de la gente altamente efectiva*).

Lo que plantea Dolan en concreto es que la felicidad o el bienestar no solo dependen de factores externos (dinero, salud, estatus social, etc.), sino también de la forma en que diseñamos nuestra vida cotidiana. Dicho de otro modo, la felicidad o el bienestar también son, en parte, consecuencia de nuestras elecciones y por ello está en nuestras manos aumentarlos de forma deliberada. El autor propone diversas estrategias para llevar a cabo este «rediseño vital» (concepto sobre el que profundizaremos en el epílogo) y una de ellas en particular es muy relevante para entender nuestra definición de «éxito».

Dolan afirma que todo lo que haces tiene un impacto en tu felicidad o bienestar. Este impacto será mucho, poco o incluso apenas perceptible y también será positivo o negativo. Dependiendo de las cosas que hagas y del impacto que cause cada una de ellas en tu felicidad o en tu bienestar, el saldo al final del día, de la semana o del periodo que elijas para evaluarlos será positivo o negativo; y lo será mucho o poco.

Desde disfrutar de un buen libro hasta encontrar significado en tus quehaceres diarios, cada elección que tomas contribuye a moldear tu experiencia de vida. ¿No te parece inspirador poder influir en tu bienestar por medio de tus decisiones?

Centrémonos por un instante en las actividades que contribuyen a tu felicidad o bienestar con signo positivo. Estas pueden hacerlo de dos maneras distintas: por medio del placer o por medio del propósito. Las actividades placenteras suman a tu felicidad o bienestar por el mero hecho de hacerlas; por eso las haces. Lo mismo ocurre con las actividades que brindan un sentido de propósito y significado, y esa es la razón por la que también las haces, aunque no sean placenteras. Disfrutar de un buen libro, de un paseo por la montaña o de una cena agradable en buena compañía son ejemplos de las primeras. Trabajar, preparar unas oposiciones o limpiar tu casa son ejemplos de las segundas. También hay actividades que contribuyen en ambos términos, esto es, te hacen sentir bien por el simple hecho de hacerlas y también porque hacerlas tiene un propósito o una razón de ser para ti, un «para qué».

Nuestra definición de «éxito» se basa en los resultados que alcanzas y que suman a tu felicidad o bienestar porque cumplen un propósito y tienen un sentido para ti: responden a un «para qué hago esto», al margen de que aquello que hagas para conseguirlos pueda ser o no placentero en sí mismo.

Otro buen motivo por el que elegimos para el título de este libro la expresión «tu éxito» en lugar de «el éxito» es que hablar de éxito en sentido abstracto —«el éxito»— es como no decir nada. Para ser éxito es necesario que alguien le dé ese significado; el éxito siempre es éxito «para alguien».

Una de las cosas que más nos gusta del término «éxito» es que su belleza radica en su subjetividad: nadie puede definir tu éxito aparte de ti, ya que solo tú sabes qué logros tienen sentido para ti y qué resultados concretos contribuirán a tu felicidad o bienestar de forma positiva cuando los consigas. Por eso hablamos de «planificar tu éxito» y no de «planificar el éxito».

Porque, en definitiva, el éxito es un viaje personal en el que avanzas hacia una diversidad de metas que son significativas para ti y que, precisamente por eso, te llenarán de una profunda satisfacción cuando las alcances.

Por qué «con una mente extendida»

Cuando los resultados esperados no se alcanzan, la práctica habitual es atribuir la culpa del fracaso a una mala planificación. Si bien es cierto que un mal diseño favorece una mala ejecución, lo que nos dice nuestra experiencia es que los planes fallan más a menudo por defectos de ejecución que por defectos de diseño.

Planificar bien es tan imprescindible como insuficiente, ya que un buen plan por sí solo no asegura nada. Para que un plan arroje los resultados deseados hay que ejecutarlo como es debido, pero, sobre todo, hay que ejecutarlo. Como decía el gran Peter Drucker, «La estrategia es una *commodity*,* la ejecución es un arte».

Esa afirmación tiene mucho sentido. Si lo piensas un momento, por mucho tiempo y recursos que dediques a la planificación,

---

* *Commodity*: Producto que es, a la vez, imprescindible y sin valor añadido.

siempre supondrán solo una pequeña parte de lo que requerirá la ejecución completa del plan, es decir, la consecución del resultado. En consecuencia, y aunque haya excepciones, un plan mediocre bien ejecutado te acercará más a lo que quieras lograr que un plan que sea excelente pero se ejecute mal.

Llegados a este punto, conviene diferenciar entre la calidad de la ejecución y la calidad del resultado, dos elementos muy distintos que en ocasiones se confunden.

Aunque no es lo habitual, ocurre que planes ejecutados a la perfección fracasan y no logran el resultado esperado. Lo contrario también es cierto: hay planes mal ejecutados que, aun así, son un éxito y alcanzan su resultado. Y, entre estos dos ejemplos extremos, cabe un abanico de múltiples combinaciones. Como todo el mundo sabe, la suerte, los imponderables y los errores ajenos están ahí y no se pueden ignorar.

A nosotros, como personas efectivas que somos, lo que nos interesa es centrar la atención en aquellos aspectos de la ejecución del plan que está en nuestras manos gestionar, al margen del resultado. Profundicemos ahora en dichos aspectos.

Uno de los obstáculos a los que se enfrenta la ejecución es que planificar suele ser más divertido que ejecutar.

Primero, porque planificar casi siempre conlleva una cierta actividad creativa, mientras que la ejecución tiende a ser solo operativa.

Segundo, porque la planificación es un evento, algo que empiezas y terminas de una vez o, en su defecto, en un plazo breve. Por el contrario, la ejecución es un proceso que, en la mayoría de los casos, se extiende a lo largo de varios días, semanas e incluso meses.

Si combinamos el escaso interés propio de los trabajos operativos con el decaer del entusiasmo inicial al pasar el tiempo, es fácil entender por qué la ejecución del plan se va haciendo más y más aburrida a medida que se alarga.

Otro obstáculo, mayor incluso que el anterior, es que mucha gente carece de un sistema adecuado para gestionar recordatorios. Durante la planificación, a menudo se toman un gran número de decisiones y se aplazan otras tantas. También es frecuente manejar un volumen considerable de información. ¿Qué se hace con todo esto una vez finalizada la fase de planificación? Las prácticas más frecuentes son archivarlo o trasladarlo a herramientas de gestión de proyectos o de tareas. Como veremos más adelante, el problema es que ninguna de estas opciones ayuda a la buena ejecución del plan, sino más bien al contrario.

Resumiendo, los dos grandes obstáculos a los que se enfrenta la ejecución de los planes son:

a) La ejecución es más aburrida que la planificación.

b) La falta de un sistema adecuado para gestionar recordatorios.

La buena noticia es que podemos actuar sobre ambos obstáculos, aunque la capacidad de acción sobre el primero es algo más limitada que la que podríamos llevar a cabo sobre el segundo, ya que el primero guarda una estrecha relación con comportamientos que están muy enraizados en nuestra naturaleza. Sin embargo, el margen de actuación sobre el segundo es muy amplio. En ambos casos, la solución consiste en aplicar estrategias sencillas que están al alcance de cualquier persona y que comparten un elemento común: contar con el apoyo de una mente extendida.

Qué vas a encontrar en este libro

«Claridad», esta es la palabra que resume lo que vas a encontrar.

No creemos que planificar pueda reducirse a pretender conocer el futuro buscando en una imaginaria bola de cristal. Tampoco que consista en sembrar el calendario con fechas inventadas y jugar luego a ser dios para que la realidad se ajuste a tus deseos.

Planificar es ganar claridad.

Alterar la realidad o conocer el futuro son delirios imposibles, sueños de grandeza que nunca alcanzarás. Olvídate de ellos, no los necesitas. Aunque tal vez no lo sepas, cuentas con múltiples opciones que sí está en tu mano aprovechar. Opciones reales, tangibles, con las que obtendrás toda la claridad que desees para planificar tu éxito y alcanzar tus resultados.

La primera prioridad que nos surgió al planificar este proyecto fue tener claro qué podía motivar a una persona como tú a leer un libro como este.

Tal vez te interese la planificación o, al menos, sientas cierta curiosidad por ella. O puede que leyeras *Recupera tu vida con una mente extendida* y te quedaras con ganas de más. Incluso es posible que ambas razones sean válidas en tu caso.

Conscientes de esta diversidad, hemos escrito el libro con el objetivo de que lo puedas aprovechar al máximo, con independencia de cuál es tu motivación y de si has leído el primero o no. ¿Cómo es esto posible? Muy sencillo.

Para la mayoría de la gente, planificar consiste en hacer un plan. Para nosotros es mucho más. De acuerdo con nuestra experiencia, hacer un plan es tan solo uno de los pasos que hay que dar cuando planificas, y ni siquiera es el más importante.

De hecho, hacer planes es muy sencillo; cualquiera puede hacerlos. Además, a nuestro cerebro le encanta; tal vez por eso todo el mundo hace planes a todas horas (que se cumplan o no ya es otra cosa).

Sin embargo, aunque planificar sea innato, hacerlo bien no lo es: necesitas conocer las técnicas y aplicar las buenas prácticas que lo hacen posible. Así que el reto no es planificar, sino planificar bien, y de eso va este libro.

La buena noticia es que para superar el reto, solo necesitas tu cabeza, un poco de información, unas cuantas técnicas y algunas buenas prácticas. Y todo eso lo tienes aquí, en estas páginas, así que no precisarás nada más para dominar el arte de la planificación.

Ahora bien, ¿de qué sirve un plan, por excelente que sea, si no lo ejecutas? Nosotros creemos que la verdadera calidad de un plan no se conoce hasta que se implementa. Esta convicción nos ha llevado a incorporar también en el libro las buenas prácticas relacionadas con la ejecución de tus planes, y es aquí donde entra en juego la mente extendida.

La correcta ejecución de un plan bien diseñado depende principalmente de dos factores: tus hábitos de revisión y el sistema de recordatorios que utilices para recordar las decisiones que tomaste al planificar. En el libro asumimos que ya empleas una mente extendida y que has desarrollado los hábitos necesarios para aprovecharla al máximo, lo cual consideramos el escenario ideal.

Si no es así, da lo mismo; puedes utilizar el sistema de gestión de listas y recordatorios que emplees habitualmente, aunque desaconsejamos que uses cualquier software de gestión de proyectos.

También puedes adoptar aquellas buenas prácticas para la mente extendida que te parezcan útiles y combinarlas con las que ya tienes. O incluso puedes pasar por alto lo relacionado con la ejecución y centrarte solo en la planificación.

Nuestra intención al escribir este libro ha sido ofrecerte un amplio abanico de herramientas y recursos que puedas aprovechar, si quieres, en múltiples ocasiones de tu vida y tu trabajo.

Desde un punto de vista práctico, lo hemos estructurado en tres partes, precedidas por esta introducción, a las que siguen un epílogo y tres anexos cuya lectura es opcional. Una vez hechas las presentaciones iniciales, pasemos ahora a revelar en líneas generales el contenido de las tres partes.

Comenzaremos la primera parte aclarando algunos malentendidos habituales sobre la planificación, lo que nos conducirá a profundizar en la sobreplanificación, los peligros que esta conlleva y el antídoto para evitarla: la planificación adaptativa. Esta nueva forma de planificar es la base de la TARO3®, un potentísimo conjunto de técnicas sencillas encaminadas a ayudarte a ver más allá de lo evidente, esto es, a derribar las barreras mentales y a contrapesar los sesgos cognitivos que todas las personas tenemos.

A nosotros —y en particular a Jordi, que durante años dedicó mucho tiempo a investigar y aprender sobre temas de *visual thinking*— la TARO3® es una técnica que nos encanta y creemos que a ti te ocurrirá lo mismo. No solo porque es útil y divertida, sino también porque tiene múltiples aplicaciones. De hecho, nosotros la usamos de forma cotidiana tanto en nuestro trabajo como en el ámbito personal.

La segunda parte la hemos querido dedicar a un contenido que consideramos esencial y que a menudo suele pasar desapercibido cuando se planifica o quedar oculto en un discreto segundo plano. Nos referimos a una serie de buenas prácticas —tan sencillas como potentes— con las que te resultará mucho más fácil gestionar tus resultados sin esfuerzo y de manera efectiva.

Si además cuentas con una mente extendida —y tienes los hábitos asociados—, estas buenas prácticas te resultarán familiares y no te costará nada integrarlas con las que ya tengas, como por ejemplo la revisión de mantenimiento.

En la tercera y última parte entraremos a fondo en un campo sobre el que ya adelantábamos algo en nuestro primer libro: las listas *ad hoc*.

Si leíste *Recupera tu vida con una mente extendida*, recordarás que las listas *ad hoc* son un tipo de complemento formado por listas físicas o digitales que amplían el núcleo de la mente extendida. Comentábamos también que hay tres listas *ad hoc* que son imprescindibles en toda mente extendida y que el resto de ellas constituye un universo aparte, ya que las hay de múltiples tipos y con infinidad de utilidades. De hecho, las listas *ad hoc* son un recurso virtualmente ilimitado con el que podrás expandir el potencial de tu mente extendida hasta donde te lleve tu imaginación y, por si esto no fuera suficiente, son también la herramienta idónea para gestionar todos los conjuntos de actividades que no entran en la categoría de planes (volveremos sobre esto más adelante).

Dominar las listas *ad hoc* te otorgará un superpoder con el que podrás gestionar todo lo que tengas que hacer con el máximo nivel de efectividad, incluyendo la ejecución de tus planes, ya que son el ingrediente secreto para aplicar con éxito la planificación adaptativa.

Finalmente, en el epílogo abordaremos el concepto de «proactividad», su utilidad práctica y su relación con este libro, con el próximo y con la efectividad en general.

Como comprobarás, hemos cocinado un menú completo y equilibrado con el que estamos seguros de que, además de aprender un montón de cosas prácticas, vas a disfrutar.

¡Que aproveche!

PRIMERA PARTE

Más cerebro y menos calendario

Cuando hay claridad en tu mente, no hay límites para lo que puedes lograr.

BRUCE LEE

Por qué dices «planificar» si quieres decir «agendar»

Una de las supuestas «buenas prácticas» que es habitual encontrar entre las recomendaciones que ofrecen las técnicas de gestión del tiempo es calendarizar las tareas en función de su urgencia e importancia.

Desde esta perspectiva, el significado real de la expresión «planificarse» (por lo general, el día o la semana) se refiere en la práctica a distribuir las tareas que tenemos que hacer. Esto incluye decidir el tiempo que nos gustaría dedicarles y cuándo queremos hacerlas o estimar cuánto creemos que nos llevará completarlas.

A pesar de ser una interpretación un tanto simple de lo que significa «planificar», esta asignación arbitraria de tiempos y duraciones es la piedra angular sobre la que se sustentan buena parte de las propuestas que ofrece la gestión del tiempo. Y lo entendemos, porque, admitámoslo, la palabra «planificar» vende, al igual que «proyecto».

En un entorno tan volátil, incierto, cambiante y ambiguo como el actual, es lógico que aumente la necesidad de recuperar una mínima sensación de control y seguridad. Esto puede llevar a una búsqueda desesperada de soluciones, por muy cuestionable que sea su utilidad real, como ocurre en este caso. Llegados a este punto, no nos extraña que triunfen propuestas facilonas como esta, hasta convertirse incluso en la solución mágica para todos los males, en el Santo Grial de la productividad.

Hay sin embargo un serio problema: a lo que la gestión del tiempo llama «planificar» no es planificar y, además —esto es lo peor de todo—, no funciona.

Decimos que no es «planificar» porque no solo incumple las Tres Leyes de la Planificación, sino que las contraviene de forma activa. Dediquemos un momento a entender mejor qué implica esto, porque sus consecuencias son muy relevantes para el resto del libro.

Por ejemplo, la gestión del tiempo confunde planificación y calendarización. A lo que llama «planificar» no busca definir el resultado ni tampoco proyectarlo en el futuro para ganar claridad. Esto contradice la primera de las Tres Leyes de la Planificación, según la cual es esencial visualizar el resultado final de forma específica.

Respecto a la segunda ley, la gestión del tiempo va en su contra al pretender que la realidad se ajuste a los planes (como lo intentaba el mariscal Montgomery). Este enfoque no reconoce que todo plan es provisional y debe adaptarse a las circunstancias cambiantes. Debido a ello, cuando el plan falla —como es inevitable—, atribuye el error a problemas en el diseño o en la ejecución, en vez de aceptar que el problema real es la inflexibilidad del plan.

El caso de la tercera ley merece una atención especial. La gestión del tiempo no solo la contraviene de manera activa, al igual que hace con la segunda ley, sino que genera una peligrosa sensación de claridad y control. Que no aporte claridad a la consecución del resultado es lo lógico y esperable, ya que no se preocupa previamente por definirlo de la manera adecuada. Sin embargo, lo más peligroso de todo es que la sensación que genera no se apoya en una base sólida, sino que se construye sobre humo, a partir de deseos e ilusiones sin fundamento y ajena por completo a la realidad.

Otra razón a favor de nuestra argumentación es que la gestión del tiempo comete un error de metonimia cuando utiliza las palabras «plan», «planificar» y «planificación» de forma errónea, reemplazando el todo por una de sus partes. Para entender mejor este error y sus consecuencias, recurriremos por un momento al inglés (enseguida entenderás por qué).

Al igual que ocurre en español con el verbo «planificar», su equivalente en inglés, *to plan*, también tiene diversos significados. Estos son los más relevantes para lo que te queremos mostrar:

- Pensar y decidir qué vas a hacer o cómo vas a hacer algo.
- Pensar en los detalles de algo que ocurrirá en el futuro.
- Pensar y hacer preparativos para eventos futuros.

Como puedes ver, los tres implican pensar y, en uno de los casos, también decidir.

Por otra parte, en inglés cuentan con otro verbo, *to schedule*, que significa:

- Organizar un evento o actividad en un momento determinado.
- Asignar tiempo para hacer algo en el futuro.

En español, *to schedule* se traduce como «programar», que significa asignar un horario o calendarizar tareas.

El error de metonimia que comete la gestión del tiempo es llamar «planificar» a «programar», es decir, a agendar o calendarizar «tareas».

Cuando alguien dice «voy a planificar el día», no suele referirse a que va a pensar en detalle, y a decidir, qué necesita para lograr algo o cómo lo va a hacer; tampoco a que vaya a pensar en la forma más efectiva de hacerlo ni a anticipar posibles obstáculos y cómo superarlos. Según nuestra experiencia, a lo que se refiere casi siempre es a que va a asignar fechas y horas a cuándo cree que va a hacer una serie de tareas o a cuándo le gustaría hacerlas.

Por cierto, si has leído nuestro primer libro, observarás que estamos utilizando el concepto «tareas» de manera deliberada, para dejar claro que ni siquiera se ha hecho el esfuerzo de transformarlas en «actividades».

En resumen, aunque pueda parecer que «planificar» y «programar» significan lo mismo, la realidad es muy distinta; de hecho, hay una diferencia abismal entre ambos conceptos: planificar de verdad —esto es, pensar y decidir— aporta valor y claridad; por el contrario, programar, agendar, calendarizar, o como prefieras llamarlo, solo sienta las bases para una posterior frustración cuando se incumpla mucho de lo planificado.

Es probable que decidir cuándo haremos algo no sea lo menos importante de todo, pero sin duda es menos importante que decidir qué haremos, qué no haremos, cómo lo haremos o para qué lo haremos.

Por eso conviene tener un cuidado exquisito antes de programar algo a la ligera en el calendario; puede que dé tranquilidad, pero la tranquilidad sin fundamento es tan inútil como peligrosa.

Nosotros hemos acuñado un término para referirnos a esta mala práctica que propone la gestión del tiempo de programar tareas sin ningún fundamento: sobreplanificar.

La elección del prefijo «sobre-» es intencional y busca destacar su carácter de mala práctica, no solo porque incumple las Tres Leyes de la Planificación, sino porque es una pérdida de tiempo, una forma sutil y perversa de procrastinación que nos incita a distraernos haciendo algo por completo innecesario y que, además, conlleva un esfuerzo superfluo y carente de retorno.

1

Descubriendo el lado oscuro
de la sobreplanificación

Que la sobreplanificación que propone la gestión del tiempo no sea más que un sucedáneo de la auténtica planificación no significa que no haya gente a la que le pueda servir y se sienta feliz con ella. Hay personas para las que la sensación de claridad y control que la sobreplanificación proporciona es suficiente, por muy ilusoria que resulte. Personas que disfrutan cuidando de su calendario del mismo modo que otras cuidan de sus plantas o de su jardín; y al igual que estas últimas riegan, podan y abonan, las primeras asignan, cambian y eliminan fechas, colores y prioridades.

En nuestra experiencia, la mayoría de quienes sobreplanifican lo hacen porque no creen que haya otras alternativas o porque no confían en ellas, así que no ven más opción que hacer lo que les han enseñado. Es más, conocemos a una infinidad de personas que abandonaron esta mala práctica tan pronto como descubrieron que hay alternativas mejores. Sin ir más lejos, José Miguel fue un sobreplanificador compulsivo durante muchos años.

Por tanto, si crees que sobreplanificar funciona y, sobre todo, si te hace feliz, sigue haciéndolo. Nuestra intención se limita a ofrecer opciones cuya validez esté contrastada y avalada por la neurociencia, y en ningún caso pretendemos decirle a nadie lo que tiene o no tiene que hacer.

Por el contrario, si tu planificación es para ti fuente constante de insatisfacción, frustración, desconfianza, desánimo o infelicidad, entonces estás de suerte, porque tenemos una excelente noticia que darte: no eres tú, es ella. En otras palabras: hay luz al final del túnel.

La mayoría de las personas que experimentan de manera habitual una o más emociones negativas, como las que acabamos de mencionar, lo hacen porque sienten algún tipo de culpabilidad. Creen que si supieran priorizar mejor, planificarían mejor; o que si estimaran mejor los tiempos de ejecución o los plazos necesarios para completar sus tareas, sus planes se cumplirían. Afortunadamente, estas creencias son erróneas y carecen de fundamento. Lo que falla no eres tú ni tus habilidades para priorizar, sino la propia planificación o, mejor dicho, la sobreplanificación. Por muy bien que priorices y muy exactas que sean tus estimaciones, da igual: nunca se cumplirán al cien por cien.

Hay varios motivos por los que esto sucede. Uno de ellos es que al futuro le dan igual nuestros planes. Aunque ya debería estar claro, nunca es tarde para aceptar que el futuro será siempre como él quiera y no como nosotros queramos que sea; siempre podremos ajustar las velas para llegar a nuestro destino, pero nunca podremos cambiar la dirección del viento.

A la sobreplanificación no le importa esta realidad incómoda —y por eso la ignora sin el menor pudor—, pero a ti te vendría bien asumirla cuanto antes, porque así podrás entender que tus planes no fallan por tu culpa sino por la de ella.

Otro motivo es que el futuro no solo será como le dé la gana, sino que además no nos va a contar cuáles son sus intenciones y no disponemos de una bola de cristal para averiguarlas. En resumidas cuentas, no tenemos ni la menor idea de cómo será.

Esto significa que la información disponible cuando se planifica algo siempre está incompleta por sistema: se sabe lo que ha ocurrido hasta ese momento, pero se ignora lo que ocurrirá en adelante. En estas condiciones, coincidirás con nosotros en que decidir hoy qué se hará pasado mañana, contando solo con la información de hoy —y sin la más remota idea de qué ocurrirá entre hoy y pasado mañana—, es decidir a ciegas.

Por si esto no fuera suficiente para dejar en evidencia a la sobreplanificación, buena parte de la información que se tenga en el momento de planificar quedará obsoleta según pase el tiempo, perdiendo así la poca utilidad que tuviera.

A donde queremos llegar es a que la planificación falla no porque no sepamos priorizar o decidir, sino porque estamos condenados a hacerlo mal por sistema, ya que siempre partiremos de información incompleta y desactualizada.

¿A quién no le ha pasado estar siguiendo su planificación al pie de la letra y, de repente, darse cuenta de que lo verdaderamente lógico en ese momento era hacer algo distinto por completo de lo planificado?

De todos modos, el verdadero drama de la sobreplanificación es otro. Por lo general, cuando tus planes no se cumplen es porque haces otras cosas distintas de las planificadas. Si lo piensas un instante, el motivo que te lleva casi siempre a hacer esas otras cosas es que, cuando llega el momento, entiendes que lo que tiene sentido es hacerlas en lugar de las que estaban previstas en el plan. Esto nos conduce a una paradoja tan absurda como dolorosa: haces lo que tienes que hacer, pero te sientes fatal por no haber hecho lo planificado. Es ridículo, ¿verdad?

Claro que la cosa puede ser aún peor. En los casos más desmedidos y dolorosos de sobreplanificación, el cumplimiento del plan se llevará al extremo de forma casi obsesiva, más allá de cualquier lógica o sentido común. Obligar a que el plan se cumpla, pase lo que pase, suele conllevar el pago de un peaje muy elevado, ya que se consigue a fuerza de sinsentidos y, a menudo, de abandonar el propósito que lo impulsó.

Un ejemplo práctico

Para que se entienda mejor todo esto de la sobreplanificación y sus riesgos, vamos a poner un ejemplo. Imagina que hace muchos años que sueñas con ir a Roma —y en concreto con visitar el Coliseo— y que por fin ha surgido la posibilidad de hacerlo este verano en compañía de unos amigos.

Mientras investigas para preparar el viaje, descubres que visitar el Coliseo no es tan fácil y que hay que reservar las entradas con bastante antelación (o dejarte una fortuna comprándolas en la reventa). Hablas con tus amigos y decidís, entre las fechas y horarios disponibles, cuándo vais a ir. Compráis las entradas y bloqueáis el hueco en vuestros respectivos calendarios. Hasta aquí, todo perfecto. Nada de esto es sobreplanificar, ya que tan solo has anotado en tu calendario el recordatorio de un compromiso: visitar el Coliseo en un día y hora concretos.

Lo interesante empieza ahora. Aunque no tienes ni idea de cuánto puede durar la visita, imaginas o supones que serán dos horas, así que ese es el tiempo que reservas en el calendario. Este hecho en sí tampoco es sobreplanificar aún, pero sí te sitúa en la antesala de la sobreplanificación, ya que estás decidiendo a partir de suposiciones.

Una vez has añadido esa entrada a tu calendario, sigues bloqueando huecos contiguos a ella para visitas que también te gustaría hacer, aprovechando el viaje a Roma. Sigue sin ser sobreplanificación, pero ahora te estás acercando a un terreno muy peligroso.

Llega el día de la visita al Coliseo. Llevas dentro una hora y tres cuartos y, al consultar el folleto que te han dado, te das cuenta de que has visto poco más de la mitad del recorrido. Un cálculo mental rápido te dice que falta otra hora y pico como mínimo. Ha llegado el momento de la verdad. Lo que decidas ahora y, sobre todo, cómo te sientas con lo que decidas, te dirá lo cerca o lejos que estás de la sobreplanificación y de su lado oscuro. Hay tres posibles escenarios:

- **Escenario 1:** Aceptas la situación con deportividad. Es lo que tienen los planes cuando los creas a partir de información incorrecta o incompleta. En realidad, tú no tenías ni idea de cuánto duraba la visita, así que lo de las dos horas te lo inventaste. De todos modos, eso en este momento no importa porque te sientes fenomenal con tu decisión de continuar la visita y nada te impedirá seguir disfrutando del Coliseo, que para eso estás en Roma.

  ¡Enhorabuena! Estás libre de sobreplanificación y la fuerza de la efectividad es grande en ti.

- **Escenario 2:** La situación te incomoda y genera inseguridad. Una parte de ti te dice que lo lógico es continuar la visita, ya que ese es el objetivo con el que has ido a Roma; pero hay otra parte que te dice que tienes que cumplir el plan, que para eso se hacen y que la gente seria y cumplidora como tú siempre los cumple. Al final, decides continuar con la visita, aunque te sienta fatal saber que no podrás hacer la siguiente que tenías planificada porque no llegarás a tiempo. El runrún de haber incumplido parte de tu plan te acompaña durante el resto de la visita al Coliseo y de tu estancia en Roma.

  ¡Cuidado! Te acercas peligrosamente al lado oscuro de la sobreplanificación.

- **Escenario 3:** No es que la situación te incomode, es que no puedes con ella. Te supera. Hablas con tus amigos y les dices que os tenéis que ir en quince minutos porque, si no, llegaréis tarde a la siguiente visita planificada. Lo tienes claro. El plan es lo primero; tus amigos se resisten al principio, pero tú logras convencerlos. Un rato después estáis en la siguiente visita planeada. Tu sensación de cumplimiento y triunfo solo se ve empañada por un velo de tristeza al no haber podido completar la visita al Coliseo. Eres lo peor. No es que habites en el lado oscuro de la sobreplanificación, es que eres su mismísimo Darth Vader. Has sacrificado el propósito de tu viaje a Roma por cumplir el plan, ¿o se te ha olvidado que el motivo por el que estás ahí era visitar el Coliseo?

2

Planificación adaptativa: la alternativa efectiva a la sobreplanificación

En un capítulo anterior afirmábamos que si un plan no cambia, deja de ser un plan y pasa a ser algo distinto. Ese «algo distinto» puede ser un proceso, un procedimiento o un *workflow*. Si no tienes claro qué implican estos conceptos, te invitamos a consultar el anexo «Diferencias y semejanzas entre procesos, procedimientos y *workflows*», al final del libro. Por otra parte, para facilitar la lectura, a partir de ahora nosotros utilizaremos únicamente el término «procedimiento», hasta que lleguemos a la parte destinada a la ejecución. Esto no significará que nos estemos refiriendo siempre a un procedimiento, ni siquiera que deba serlo en ese caso concreto. Lo que querremos decir es que, como mínimo, será una de las tres opciones —proceso, procedimiento o *workflow*—, aunque también podrían ser dos o incluso las tres, o una combinación de ellas. Lo importante es que, con seguridad, no será un plan.

A estas alturas del libro, es probable que no sepas muy bien qué pensar de nosotros, a no ser que ya nos conozcas. Se supone que somos profesionales de la efectividad, pero que echemos por tierra la planificación «de toda la vida» resulta inquietante o, cuando menos, intrigante. Hasta es posible que haya quien piense que somos un par de visionarios o de improvisadores natos que van por ahí confiando en que las cosas salgan bien en lugar de prepararse como es debido y planificarlas. Somos muy conscientes de ello, y lo entendemos, pero ten paciencia y aprovecha la oportunidad de hacer el mismo recorrido que en su día hicimos nosotros. Ya tendrás ocasión de extraer tus propias conclusiones al final del libro.

Uno de los motivos por el que adoptamos un punto de vista crítico sobre la planificación tradicional es que no reconoce que hay casos en los que funciona y otros en los que no; se ha hecho mayor y se resiste a aceptar que las cosas han cambiado. En sus orígenes, hace varios siglos, el mundo iba a otro ritmo. La velocidad a la que se producían los cambios, así como la cantidad y frecuencia de los imprevistos, no se parecía en nada a lo que sucede hoy.

La gran limitación de la planificación tradicional es que solo funciona (y muy bien) en entornos estables y predecibles, unas características que solo se cumplen en dos situaciones. La primera, cuando el volumen de cambios o imprevistos es nulo o casi nulo. La segunda, cuando aun habiendo un volumen significativo de cambios o imprevistos, dicho volumen permanece estable a lo largo del tiempo; en cuyo caso es posible utilizar datos históricos que permitan hacer extrapolaciones fiables al planificar. Por decirlo de algún modo, se trabaja con imprevistos que, en la práctica, son bastante «previsibles».

Para nosotros, aplicar la planificación tradicional en cualquiera de las dos circunstancias anteriores no es realmente planificar sino «procedimentar». Sabemos que «planificar» tiene más glamour que «procedimentar», pero es lo que hay. Nuestra editorial, por ejemplo, habla de «planificación» para referirse al conjunto de pasos que siguen para publicar libros.

Está bien que lo llamen así si lo prefieren, pero para nosotros, lo que ellos siguen no es un «plan» sino un «procedimiento», es decir, un plan sin cambios (o con una serie de cambios ya estimados, asumidos de antemano e integrados en él).

A fin de cuentas, publicar libros es su trabajo y su negocio y conocen ambas cosas a la perfección. Gracias a que el volumen de datos estadísticos del que disponen es inmenso, pueden establecer plazos fiables y cumplirlos con asombrosa precisión. Nunca les hemos preguntado, pero viéndoles trabajar nos extrañaría que algún libro no se publicara en la fecha prevista (y eso que programan las fechas con meses de antelación).

Insistimos una vez más y a modo de resumen de nuestro enfoque: un plan que repites una y otra vez (en el caso anterior, para cada libro), y para el que dispones de una gran cantidad de información estadística que te permite afinar cada vez más su precisión, no es un plan sino un procedimiento.

El problema de aplicar la planificación tradicional en situaciones en las que no dispones de esta información estadística previa ni tienes forma alguna de saber qué cambios —o con qué imprevistos— te vas a encontrar, ni si van a ser muchos o van a ser pocos, es caer en lo que los anglosajones llaman *wishful thinking* (es decir, confundir los deseos con la realidad) y a lo que nosotros llamamos «sobreplanificar».

Todo esto nos lleva a la necesidad de buscar una solución distinta que sea fiable, una nueva forma de planificar específica para entornos volátiles, inciertos, cambiantes y ambiguos. Por suerte, esta solución existe y cada vez somos más quienes la utilizamos.

Si te atreves a desafiar las convenciones establecidas y a descubrir una forma alternativa de planificar, más flexible, adaptable y, en especial, liberadora, estás de enhorabuena: te invitamos a explorar la «planificación adaptativa».

Planificar sin ataduras en el mundo real

¿Imaginas un mundo sin las ataduras de fechas concretas, donde el presente es tu único campo de acción y en el que el futuro se desplegará ante ti a medida que lo vayas creando?

Te hablamos de un enfoque que es el opuesto al de la sobreplanificación; uno que se centra solo en lo que está en tu mano controlar y no pierde ni un minuto con los aspectos del plan que escapan a tu alcance (como, por ejemplo, en qué momentos concretos del futuro se podrán llevar a cabo las actividades).

Se trata de un enfoque que entiende que, por muy claro que tengas cuándo querrías o te gustaría hacer las cosas, no puedes saber cuándo harás muchas de ellas porque desconoces qué pasará durante la ejecución del plan; un enfoque que es consciente de que ignorar esta realidad solo lleva a esa sensación —quizá familiar para ti— de ahogarse en una maraña de fechas límite y minuciosos detalles que, a la hora de la verdad, se pueden desvanecer como el humo ante la más mínima variación del plan original.

Es un enfoque, en definitiva, que te asegura que si dedicas un mínimo de tiempo a pensar en el resultado que quieres conseguir y para qué lo quieres conseguir (su propósito), podrás identificar con facilidad y rapidez un buen número de detalles esenciales del plan: qué actividades habrá que completar, la secuencia en la que habrá que hacerlas, qué dependencias o cuellos de botella existen entre ellas o qué problemas pueden surgir y cómo anticiparte a ellos, por citar algunos ejemplos.

Porque lo cierto es que, cuando dispones de toda esta información, tienes claridad; y cuando tienes claridad, te liberas de la esclavitud de las fechas.

Un puñado de fechas inventadas nunca pueden reemplazar al verdadero compromiso; así que, si tu compromiso con el plan es genuino, el plan avanzará tan rápido como sea posible, aunque no te inventes fechas; y si el compromiso no lo es tanto, el plan irá a trompicones, de sobresalto en sobresalto, lo mismo que ocurriría por muchas fechas y plazos que hubieras puesto en él.

La planificación adaptativa se centra sobre todo en el presente y este es uno de sus rasgos fundamentales. Sobreplanificar implica un exceso de preocupación por el futuro y un defecto de acción en el presente; la planificación adaptativa es justo lo contrario: preocuparse menos y actuar más.

Para este nuevo tipo de planificación la clave está en centrar la atención en las actividades del plan que ya se pueden completar (porque se dispone de todo lo necesario para ello y no dependen de nada previo) y en asumir que todo lo demás pertenece al futuro y, en consecuencia, es, al menos por ahora, tentativo; si hay que hacerlo, se hará cuando llegue su momento. El motivo por el que lo hemos puesto ahí, en el plan, no es porque tengamos la seguridad de que vamos a hacerlo, sino porque consideramos probable que se haga. Lo importante, sin embargo, es tener claro que no lo sabemos con certeza porque desconocemos cómo será el futuro. A medida que avancemos con la ejecución del plan, iremos viendo qué pasa y, cuando llegue el momento, decidiremos qué hacer.

En el ejemplo que veíamos de la visita al Coliseo, podríamos haber investigado un poco más sobre las duraciones de las visitas que queríamos hacer y para las que era imprescindible reservar con antelación, y luego haber distribuido las reservas correspondientes dejando espacio suficiente entre ellas, por ejemplo, una a media mañana y otra a media tarde; así, por mucho que duraran, no habría riesgo de que se solaparan, faltara tiempo para completarlas o nos quedáramos sin comer.

De forma complementaria, podríamos haber elaborado también una lista, ordenada por preferencia, de otros lugares o monumentos que queríamos visitar y para los que no era preciso hacer reserva o se podía hacer allí en el instante sin problemas. Junto a cada una de estas opciones habríamos puesto el rango de tiempo estimado (mejor si la estimación la hacemos después de investigar un poco, que si nos la inventamos sin más), por ejemplo, «de una a dos horas» o «entre treinta y cuarenta y cinco minutos».

De este modo, al finalizar cada visita programada, siempre dispondríamos de un menú de opciones entre las que elegir —o no, porque tal vez lo que nos apetezca sea tomar un *capuccino*—, en función de la proximidad, el tiempo, lo cansados que estuviéramos o las ganas que nos quedaran de seguir viendo cosas.

De acuerdo con nuestra experiencia, esta forma alternativa de planificar es la que —en la práctica— habría permitido no solo aprovechar al máximo la visita al Coliseo, sino también ver más cosas y disfrutar más de ellas, y, sobre todo, sin agobios ni tensiones por presiones de agenda.

Por desgracia, y al igual que ocurre con la efectividad personal en general, la planificación adaptativa permanece alejada de la sociedad y de las organizaciones. Lo que en la actualidad prevalece es un enfoque anclado en el pasado y en una manera de pensar que tuvo sentido en su origen —la cadena de producción en la Revolución industrial—, pero que hoy está obsoleta, como lo están el modo de vida y las filosofías que surgieron en aquella época (el taylorismo y el fordismo).

Porque, por sorprendente que parezca, la planificación adaptativa no es nueva en realidad. Lleva con nosotros toda la vida y, aunque ahora esté relegada de manera incomprensible a un segundo plano, estamos convencidos de que es solo una situación temporal que antes o después cambiará; a ello queremos contribuir con este libro.

Un ejemplo de que no es nueva lo tenemos en Julio César, que fue uno de los primeros planificadores adaptativos de la historia. Es a él a quien se atribuye la frase: «Cuando lleguemos a ese río, cruzaremos ese puente». La versión reducida y actualizada que nosotros utilizamos con frecuencia es: «Vamos viendo». Ambas expresiones ponen de manifiesto la filosofía de esta nueva forma de planificación: centrarse en el presente sin perder de vista el futuro.

Somos conscientes de que esto te puede sonar un tanto radical o disruptivo. Por eso estamos aquí: para guiarte, pero también para desafiarte a mirar más allá de las convenciones obsoletas y para animarte a adoptar una nueva forma de pensar, una que te libere de la incertidumbre del futuro y te empodere para abrazar el presente con fuerza y confianza.

3

Técnicas poderosas para ver más allá de lo evidente

Hemos visto por qué el valor de la planificación no reside en programar o calendarizar tareas, sino en pensar y decidir en torno al resultado que queremos alcanzar. Ahora bien, para poder hacerlo, antes necesitamos contar con toda la información necesaria, no solo sobre las posibles formas de llegar a él, sino también sobre qué podría suceder por el camino.

Para obtener esta información relevante acerca de nuestros resultados necesitamos prever, que es una buena práctica de efectividad que tendrás la oportunidad de conocer en profundidad —y también de aplicar— más adelante, ya que forma parte integral de las técnicas de planificación que luego explicaremos.

Como comprobarás, prever es la esencia de la «planificación adaptativa» y por eso hemos querido dedicar este capítulo a compartir contigo una serie de técnicas auxiliares muy potentes cuyo cometido es precisamente este: ayudarte a prever.

Nos referimos a las técnicas de *visual thinking* y a la visualización de resultados. Las puedes utilizar por separado o, si lo prefieres, combinadas, que es como lo vamos a hacer nosotros.

Hemos elegido y combinado estas técnicas porque, en conjunto, constituyen una poderosa herramienta que estimula la creatividad, favorece la comprensión de información compleja, potencia la claridad de pensamiento, mejora la toma de decisiones y la resolución de problemas y, por si todo esto fuera poco, impulsa la motivación. ¿Se te ocurre alguna ayuda más potente cuando se trata de prever?

Según nuestra experiencia, la visualización de resultados desempeña un papel esencial en la comprensión de la situación de partida, en la anticipación de escenarios futuros y en la gestión proactiva de estos; con una ventaja adicional: es también muy efectiva para detectar patrones y tendencias, fundamentales para desarrollar la proactividad. Se trata de un aspecto clave de la efectividad sobre el que profundizaremos en el epílogo.

Gracias a la visualización podrás explorar una amplia variedad de perspectivas. Esto no solo te permitirá detectar oportunidades y riesgos que pasarías por alto con los enfoques convencionales, sino también buscar soluciones y estrategias creativas para aprovecharlas o prevenirlos, respectivamente.

Además, estas técnicas cuentan con una sólida base científica y creemos que merece la pena dedicar unos minutos a entender por qué funcionan. Para ello nos centraremos en tres aspectos concretos:

1. Cuando visualizas una actividad se activan las mismas áreas del cerebro que cuando la realizas físicamente. Un estudio con jugadores de baloncesto encontró que aquellos que practicaron la visualización veinte minutos al día durante cuatro semanas mejoraron su precisión en los tiros libres en un 23 por ciento. Otro estudio con músicos comprobó que la práctica regular de esta técnica mejoraba la precisión y la fluidez al interpretar piezas musicales complejas.

2. La visualización también tiene un impacto en nuestras emociones, por lo que su práctica habitual mejora nuestra regulación emocional, un factor que es crucial para la confianza y

el rendimiento. En concreto, visualizar el éxito activa emociones como la alegría y la satisfacción, al igual que visualizar el fracaso activa la ansiedad y el miedo.

3. Por último, visualizar activa el Sistema de Activación Reticular (SAR), una estructura del cerebro que resulta crucial para la mejora avanzada de la efectividad y sobre la que profundizaremos en el tercer libro de esta serie. Por ahora es suficiente con que sepas que la activación del SAR contribuye a fortalecer las conexiones neuronales relacionadas con el resultado deseado, facilitando su consecución.

En cuanto a la técnica del *visual thinking*, esta aprovecha la conexión que existe entre la percepción visual y el pensamiento, ya que buena parte del cerebro humano está involucrada en el procesamiento de imágenes. Como es un tema bastante amplio, hemos elegido a los dos autores que consideramos los máximos referentes en este campo para ofrecerte un resumen global de sus técnicas.

El primero de ellos, Dan Roam, es un consultor estadounidense especializado en pensamiento visual y resolución de problemas. Nació en 1965 en Huntsville, Alabama y es autor del libro *The Back of the Napkin* (2008) —traducido al español como *Tu mundo en una servilleta*—, en el que propone un proceso de *visual thinking* que consta de cuatro etapas:

1. **Mirar:** Roam enfatiza la importancia de observar la situación o el problema con cuidado y atención antes de actuar sobre él. Mirar antes de actuar es importante porque, cuando miramos de cerca, podemos identificar patrones, relaciones y detalles que, en caso contrario, pasarían desapercibidos con facilidad.

2. **Ver:** Después de Mirar, el autor nos insta a ver más allá de lo evidente, lo que implica analizar la información de una

manera más profunda, identificando —y a su vez comprendiendo— las partes que componen la situación o el problema, así como las relaciones que existen entre ellas.

3. **Imaginar:** En esta etapa se nos anima a emplear la imaginación para generar ideas y soluciones. Podemos representar visualmente nuestras ideas a través de dibujos simples y, a partir de ellos, explorar diversos enfoques para abordar la situación o el problema.

4. **Mostrar:** Esta última etapa se centra en la presentación visual de las ideas desarrolladas en las tres etapas anteriores. Al igual que en el paso precedente, Roam sugiere utilizar dibujos simples y diagramas sencillos para simplificar la información y hacer más fácil su comprensión y retención.

El segundo de los autores seleccionados es Tony Buzan, educador y experto en memoria y pensamiento. Nacido en Londres, Buzan es conocido por su trabajo pionero en el desarrollo de técnicas de aprendizaje acelerado y, sobre todo, por inventar los mapas mentales.

Un «mapa mental» es una herramienta que organiza la información de forma visual alrededor de un tema central, utilizando ramificaciones para conectar ideas relacionadas. Su fundamento teórico se basa en la idea de que la mente humana funciona de manera asociativa y que el uso de imágenes y palabras clave puede mejorar la creatividad, la memoria y la comprensión.

Para dominar la técnica de los mapas mentales, Buzan propone una serie de ejercicios muy sencillos:

1. Practicar la visualización imaginando cómo se conectan entre sí los conceptos y cómo se pueden representar visualmente.

2. Comenzar con un tema central —la idea principal— que se sitúa en el centro de la página o de la pantalla y ramificar a partir de él los distintos subtemas y conceptos relacionados.
3. Utilizar palabras clave y símbolos en lugar de frases, a fin de simplificar la información y captar la esencia de los conceptos de manera rápida y efectiva.
4. Fomentar la asociación libre de ideas, dejándolas fluir sin restricciones y confiando en que surgirán conexiones inesperadas entre conceptos que, en apariencia, no estén relacionados.
5. Utilizar colores, formas y dibujos que contribuyan a hacer los mapas aún más visuales y estimulantes. Los colores pueden servir también para destacar diferentes secciones y mejorar la comprensión visual de la información.
6. Revisar y refinar el mapa las veces necesarias para aumentar su coherencia y facilitar su comprensión. Esto quizá implique agregar nueva información o reorganizar la ya existente para que resulte más coherente.

Estos son solo algunos de los ejercicios básicos que Tony Buzan propone para aprender a hacer mapas mentales. La práctica regular y la experimentación son esenciales para dominar esta técnica y aprovechar al máximo sus beneficios. Si quieres profundizar, puedes hacerlo con su obra más popular, *El libro de los mapas mentales*, o con cualquiera de las que ha escrito posteriormente sobre este tema.

Ya para terminar el capítulo, ten en cuenta que nosotros solo utilizaremos en el libro algunas de estas técnicas de visualización de resultados y de *visual thinking* que hemos compartido contigo.

De hecho, en la mayoría de los casos no las aplicaremos en su formato original, sino que emplearemos versiones modificadas que hemos desarrollado a medida, para adaptarlas a nuestras necesidades concretas en el ámbito de la efectividad en general y de la planificación en particular.

Nuestro objetivo con este capítulo ha sido ofrecerte una panorámica sobre un campo de conocimiento tan extenso como el de la visualización. Nos ha parecido oportuno incluirlo para proporcionarte una visión de conjunto y que cuentes con el contexto adecuado para facilitar la comprensión de las técnicas que explicaremos más adelante. Esperamos que hayas disfrutado de la lectura y, quién sabe, tal vez hayamos despertado en ti la curiosidad por aprender más sobre este fascinante tema.

TARO3®: Técnica para Aclarar Resultados Opacos en 3 fases

En *Recupera tu vida con una mente extendida* explicábamos que casi nunca procrastinas porque lo que tengas que hacer sea difícil, sino porque aún no has pensado y decidido qué es, en concreto, lo que tienes que hacer. Con los resultados ocurre algo muy parecido: cuando te falta claridad acerca de su propósito o cómo obtenerlos, esta falta de claridad se traduce en fricción y hace que los procrastines.

En función de la claridad que tengas sobre el recorrido que conduce a lograr un resultado, diremos que este es «transparente», «translúcido» u «opaco». Aunque estos tres adjetivos son de uso cotidiano, vamos a explicar su significado concreto en el campo de la efectividad personal.

Los resultados transparentes son aquellos en los que tendrás total claridad sobre el recorrido y las actividades que te llevarán desde el punto inicial hasta el punto final. A diferencia de lo que ocurre con los resultados opacos —y con los translúcidos que veremos— para lograr un resultado transparente no necesitarás un plan ni tampoco un proyecto (recuerda que «plan» y «proyecto» son sinónimos); lo único que necesitarás es un buen procedimiento.

De hecho, lo que la gente utiliza en la mayoría de las ocasiones para lograr sus resultados son procedimientos. Lo que ocurre es que aún no han aprendido a reconocerlos como tales y por eso siguen refiriéndose a ellos como «planes» o como «proyectos».

Por otra parte, si utilizas una mente extendida, la mayoría de los recordatorios de resultados que tengas en ella serán transparentes. Esto es lo normal cuando hablamos de resultados que requieren muy pocas actividades o en los que, por su naturaleza, es evidente qué hay que hacer para lograrlos.

Un caso particular de resultados transparentes es el de aquellos que en su origen eran opacos pero ya no lo son. Este caso se presenta con frecuencia en los resultados recurrentes (aquellos en los que consigues el mismo resultado —u otro muy similar— cada cierto tiempo). El motivo es que, para alcanzarlos por primera vez, necesitaste ganar claridad sobre ellos —planificarlos— y esta claridad, una vez conseguida, se mantiene casi intacta mientras no cambien ni el resultado ni las condiciones para lograrlo. Casi todos los procedimientos proceden de un resultado que, en alguna medida, fue opaco en su origen.

Llegamos así a los resultados translúcidos, que están a medio camino entre los transparentes y los opacos. En los resultados translúcidos hay partes del recorrido que son transparentes y otras que son opacas. En las primeras podrás avanzar de inmediato con la ayuda de uno o más procedimientos, mientras que en las segundas necesitarás planificar antes para ganar claridad sobre ellas.

Por último, un resultado es opaco cuando solo conoces los dos extremos: el punto de partida en el que estás y el punto final al que intuyes que quieres llegar. Lo que haya entre ellos —el recorrido entre ambos extremos— será una incógnita para ti, un espacio en blanco que te hará falta rellenar. Para lograrlo, necesitarás planificar, es decir, ganar claridad, ya que alcanzar un resultado opaco sin contar con un plan es una misión casi imposible. Aunque son los menos frecuentes, los resultados opacos también suelen ser los más retadores y atrayentes, e incluso los más divertidos.

Veamos ahora un ejemplo de estos tres tipos de resultados:

- Resultado transparente: Te piden organizar, por quinto año consecutivo, la convención de Ventas de tu organización. Como los años anteriores fueron un éxito, quieren que repliques el modelo sin introducir ningún cambio.
- Resultado translúcido: Te piden organizar, por quinto año consecutivo, la convención de Ventas de tu organización, pero en esta ocasión quieren que amplíes su duración para incorporar un ejercicio de *team building* y una charla motivacional con algún orador popular. A estas alturas, organizar la convención no encierra secretos para ti, pero lo del *team building* y el orador te resulta totalmente desconocido.
- Resultado opaco: Te piden organizar la convención de Ventas de tu organización de este año, algo que hasta ahora hacía otra persona del departamento, pero esta se ha ido a trabajar para la competencia. Nunca antes has hecho nada parecido, así que no tienes ni idea de por dónde empezar.

Hay dos ideas-resumen que nos gustaría que retuvieras acerca de estos tipos de resultados que acabamos de ver.

La primera idea es que planificar solo tendrá sentido cuando un resultado sea opaco en mayor o menor medida. En el caso contrario, esto es, cuando el resultado sea transparente en su totalidad, no necesitarás un plan sino un procedimiento.

La segunda idea es que el porcentaje de resultados opacos y translúcidos será inversamente proporcional a lo predecible y rutinaria que sea tu vida. Con esto queremos decir que tener más o menos resultados opacos o translúcidos no es ni bueno ni malo, sino solo un reflejo de la realidad en la que vives.

Sea cual sea tu caso, OPTIMA3® incluye una técnica específica con la que ganarás claridad sobre los resultados que sean opacos (en parte o en su totalidad) y evitarás procrastinarlos. Hablamos de la Técnica para Aclarar Resultados Opacos en 3 fases, a la que a partir de ahora nos referiremos como TARO3®.

Más que una técnica aislada, la TARO3® es en realidad una completa caja de herramientas. En ella encontrarás una selección de técnicas y buenas prácticas para ayudarte a pensar, decidir y ganar claridad sobre los resultados que quieras conseguir.

Como su nombre indica, su aplicación se lleva a cabo en tres fases y cada una de ellas consta de tres pasos (ya sabes que el tres es nuestro número favorito). Estas tres fases tienen un mismo objetivo común: aportar claridad a las tres etapas de la planificación por las que todo resultado bien planteado tiene que pasar: el diseño, la previsión y la concreción. La riqueza de esta técnica es que cada fase aporta claridad desde una perspectiva única y complementaria a las otras dos.

4

Identificando los candidatos idóneos para la TARO3®

En general, la TARO3® es útil para desbloquear cualquier resultado que no avance como te gustaría (casi siempre, porque lo estarás procrastinando).

El origen de los resultados que tendemos a procrastinar puede ser muy diverso. A veces se tratará de «viejos conocidos», esto es, resultados que ya hemos conseguido con anterioridad en alguna ocasión. En estos casos, las causas aparentes de la fricción pueden ser variadas, aunque la causa real suele ser la opacidad. Avanzar con estos resultados resulta aburrido o es trabajoso, nos parece que carecen de sentido, o implican situaciones o experiencias que nos desagradan, etc.

Entre estos «viejos conocidos» es habitual encontrar procedimientos que aún no has reconocido ni formalizado como tales y en los que sigues pensando como si fueran planes o proyectos.

En otras ocasiones, la fricción aparece con resultados nuevos y, por tanto, desconocidos. Si son nuevos, coincidirás con nosotros en que el origen de la fricción habrá que buscarlo en otra parte (si estás pensando en la falta de claridad, has acertado), ya que en este caso no existen malas experiencias previas que nos condicionen y tampoco podemos saber todavía si serán aburridos o trabajosos, por lo que estas explicaciones no nos sirven.

Por último, el caso más sorprendente de todos es el de los resultados novedosos que nos ilusiona mucho conseguir y en los que estamos deseando empezar a trabajar, muchos de ellos de carácter personal. ¿A qué otras causas podemos achacar aquí la fricción si no es a la opacidad?

En cualquiera de los casos anteriores, y con independencia del origen concreto de la fricción, estaremos de suerte porque contamos con la TARO3® para solucionar el problema.

Por ejemplo, un caso en el que funciona de manera espectacular es con resultados conocidos que generan fricción porque, aunque en apariencia son transparentes, en realidad son translúcidos. En el momento en que tomas conciencia de ello, todo cambia. Si tenemos en cuenta que gran parte de la fricción se debe a la falta de claridad en varios aspectos clave del resultado, no debería extrañarnos que esta fricción se reduzca o desaparezca en cuanto disipamos la oscuridad que lo rodea.

De todos modos, los candidatos ideales para aplicar la TARO3® son los resultados desconocidos —que casi siempre son opacos— y, en particular, aquellos en los que te apetece empezar a trabajar cuanto antes, pero aún no sabes cómo ni por dónde hacerlo. Decimos que son los candidatos ideales porque el reto y la motivación presentes en estos casos actúan como un potente combustible que permite a esta técnica alcanzar su máxima expresión. Podemos asegurarte que, cuando la apliques, te sorprenderá.

5

Prepara el terreno antes de empezar

Para que te hagas una idea global de la técnica que vas a aprender, aquí tienes una tabla-resumen de la TARO3® —una técnica fundamental del método OPTIMA3®— con todas sus fases y pasos:

Fase 1 – Diseño
- Paso 1: Imaginar
- Paso 2: Acotar
- Paso 3: Definir

Fase 2 – Previsión
- Paso 1: Prever desde el realismo (*brainstorming*)
- Paso 2: Prever desde el optimismo (*pre-success*)
- Paso 3: Prever desde el pesimismo (*pre-disaster*)

Fase 3 – Concreción
- Paso 1: Consolidar
- Paso 2: Integrar
- Paso 3: Organizar

Antes de empezar a aplicar la TARO3®, una buena práctica es «preparar el terreno». Por ejemplo, es recomendable que tengas a tu alcance herramientas para tomar notas, dibujar esquemas y, en general, canalizar tanto tu imaginación como tu creatividad. Si te quedó alguna duda o no recuerdas bien su contenido, también te puede resultar útil releer, en este libro, el capítulo «Técnicas poderosas para ver más allá de lo evidente».

En caso de que uses una mente extendida, ten presente que necesitarás tener a mano al menos un aparcamiento, ya que muchas de las cosas que generes al aplicar esta nueva técnica serán objetos y querrás aparcarlos (recuerda que un objeto es cualquier cosa física, mental o digital que tenga un significado especial para ti).

Por otra parte, la TARO3® está diseñada para que la puedas aplicar de forma autoguiada en su totalidad. Sin embargo, algunas de las técnicas que la integran alcanzan su máximo rendimiento cuando se aplican de forma asistida, esto es, con la ayuda de otra persona. Si optas por esta segunda opción, sé consciente de que la habilidad de la persona que te ayude será determinante para su éxito. Profundizaremos en las ventajas y desventajas de ambas opciones cuando las expliquemos.

Observarás que la duración de este ejercicio puede ser muy variable. A modo de estimación, aplicar la TARO3® te llevará entre menos de una hora y algo más de un par de horas. Esta variación tan pronunciada se debe a que dependerá de múltiples factores, como por ejemplo la complejidad del resultado, el interés y nivel de motivación que tengas por conseguirlo, tu grado de afición por los detalles o la manera en que apliques las técnicas: autoguiada o asistida.

En cuanto a los requisitos, te recomendamos que apliques la TARO3® con la mente fresca y despejada, sin prisas y en un lugar tranquilo, libre de ruidos y, sobre todo, a salvo de interrupciones. Ten en cuenta que esta técnica exprimirá lo mejor de tu creatividad y de tu imaginación, así que gestionar de forma óptima tu energía y atención te ayudará a aprovecharla al máximo.

También es clave que tengas la actitud adecuada. Como te adelantábamos en el capítulo «Técnicas poderosas para ver más allá de lo evidente», tanto en la TARO3® como en el resto de este libro (y también en el próximo), utilizarás un amplio repertorio de técnicas que, al menos en parte, serán nuevas para ti. Muchas de ellas se basan o son versiones evolucionadas de otras técnicas ya conocidas en determinados sectores —como el deporte de élite o la psicología—, pero desconocidas fuera de esos ámbitos. Si tú ya has utilizado con anterioridad alguna de estas técnicas, te resultará muy fácil adaptarte a las novedades; en caso contrario, es posible que el primer contacto con ellas te resulte extraño o incómodo.

Hay múltiples sensaciones que son frecuentes las primeras veces y, por completo, normales. Aquí tienes algunas de ellas:

- Tener dudas sobre si lo estás aplicando bien o mal.
- Sentirte torpe.
- No tener muy clara la utilidad o la finalidad de lo que estás haciendo.
- Tener la sensación de que lo que estás haciendo es una tontería.
- Creer que estas técnicas son para otros, pero no para ti.
- Pensar que tú no necesitas estas técnicas.

Si en algún momento percibes alguna de estas sensaciones, u otras parecidas, recuerda que la solución es sencilla y siempre funciona: sigue el proceso —aunque creas no entenderlo, te parezca extraño o se te resista—, déjate llevar por él, experimenta y fluye. Como decía el psiquiatra suizo Carl Gustav Jung (1875-1961): «A lo que te resistes, persiste».

Antes de continuar, queremos compartir contigo la decisión de no incluir ejemplos mientras explicamos la teoría de la TARO3®. Según nuestra experiencia, intercalar ejemplos durante explicaciones largas puede entorpecer el flujo de la teoría o dejar los ejemplos incompletos. Por eso hemos optado por no poner ningún ejemplo hasta el final, una vez hayas aprendido toda la teoría. Si te interesa profundizar en las razones de esta decisión, puedes consultar el anexo: «Los ejemplos, mejor buenos y al final», que encontrarás en la página 272.

Estamos emocionados ante la oportunidad de guiarte en este viaje revelador y fascinante, en el que no solo descubrirás herramientas sorprendentes, sino que también redefinirás el significado de la planificación en tu vida. Prepárate para adentrarte en un mundo lleno de nuevas posibilidades que te permitirán alcanzar tus resultados de manera más efectiva. Tu futuro está lleno de oportunidades esperando a que las conviertas en realidades tangibles. Como nos gusta decir: si quieres que ocurra, ¡haz que ocurra! Con estas herramientas lo tendrás muy fácil.

6

Fase 1 – Diseño

Como decíamos en *Recupera tu vida con una mente extendida*, con el término «trabajo» no solo nos referimos a la actividad laboral, sino a todas las actividades que llenan nuestros días, con independencia de si son personales o profesionales.

También explicábamos que en el trabajo del conocimiento «hay que trabajar antes de trabajar». Esta frase significa que hay que transformar el trabajo para hacerlo evidente (ya que por defecto no lo es). En la práctica, consiste en definir —de la forma más concreta posible— qué es lo que hay que hacer y cuándo se puede dar por hecho. Si lo expresamos en términos de efectividad, transformar el trabajo es traducirlo a actividades y resultados. La fase de diseño de la TARO3® juega un papel crucial a la hora de definir estos últimos.

Es habitual presuponer la claridad sobre el resultado, lo cual es un error porque suele acarrear consecuencias negativas. En nuestra opinión, dar cabida en exceso a las suposiciones es uno de los errores habituales que comete la planificación tradicional. Este mal hábito plantea un enorme riesgo, ya que suponer es tan cómodo como arriesgado. De acuerdo con nuestra experiencia, es mucho mejor constatar; por eso la fase de diseño de la TARO3® es tan trascendente. Definir con claridad las actividades —la verdadera naturaleza del trabajo— te permitirá dejar atrás el peligroso mundo de las suposiciones y adentrarte con confianza en el sólido terreno de la certeza razonable.

Esta primera fase requiere una inversión mínima de tiempo y esfuerzo, y pronto comprobarás que su retorno lo compensa con creces. Recuerda que muchas de las técnicas y buenas prácticas que en breve aprenderás las utilizarás también más adelante, no solo en las fases posteriores de la TARO3® sino en otras partes del método OPTIMA3®, tanto en este libro como en el próximo. Además, si ya dispones de una mente extendida, seguro que enseguida reconocerás buenas prácticas que podrás integrar en ella de manera inmediata.

Por otra parte, estamos seguros de que esta fase te sorprenderá, sobre todo cuando descubras aspectos de tus resultados que tal vez intuyas pero aún desconoces. Como comprobarás en un momento, es impagable tener claro qué es lo que de verdad quieres alcanzar, por qué y para qué lo quieres conseguir, con qué recursos y en qué condiciones lograrlo o cómo lo identificarás cuando lo hayas alcanzado.

Para terminar esta breve introducción a la fase de diseño, te adelantamos que consta de tres pasos estrechamente relacionados entre sí: imaginar, acotar y definir. Imaginar proporciona información valiosa sobre la naturaleza del resultado; acotar ayuda a delimitar con nitidez las circunstancias en las que dicho resultado se quiere o se puede conseguir; y definir permite describirlo con rigor y precisión. Veremos ahora en detalle en qué consiste esta fase y cómo aplicar cada uno de sus pasos.

Paso 1: Imaginar

Para tener claridad necesitas información y una de las formas más efectivas, baratas y divertidas de conseguirla es acudiendo a tu imaginación. Este primer paso de la TARO3®, Imaginar, te ayudará a explotar uno de tus recursos más valiosos y personales para obtener información esencial sobre tus resultados. Sin embargo, no nos limitaremos a imaginar siguiendo la fórmula tradicional, sino que utilizaremos una versión mejorada.

Dicen que una imagen vale más que mil palabras. Si esto es cierto, y nosotros creemos que lo es, ¿a cuántas palabras crees que equivaldría una imagen que también incorpore sonido y emociones? Sin duda, a muchas más. Por eso en la TARO3® utilizarás imágenes enriquecidas, en lugar de las habituales imágenes planas.

De hecho, esta es la esencia del paso Imaginar: generar imágenes enriquecidas sobre el resultado para extraer información de ellas. Comprobarás que se trata de una técnica muy fácil de aplicar. Te adelantamos su versión resumida:

1. Simular que ya has alcanzado lo que deseas. Como verás en un momento, es imprescindible que te convenzas de ello, al menos mientras estés aplicando la técnica.
2. Transportarte mental y emocionalmente al momento futuro en el que acabas de lograr tu resultado. Vivirlo anticipadamente.
3. Una vez allí, obtener información sobre diversos aspectos relacionados con él por medio de una serie estructurada de preguntas.

En un instante te explicaremos la versión completa para que la puedas poner en práctica.

Sin embargo, antes de continuar, es importante que entiendas que la clave del paso Imaginar está en las preguntas. Para extraer la información útil y relevante que necesitas conocer sobre tus resultados, deberás elegir preguntas poderosas y plantearlas de la forma adecuada. Cuando imagines tu resultado, en lugar de limitarte a adoptar un rol pasivo, es mucho mejor si pasas a la acción y empiezas a preguntarte sobre lo que te rodea: ¿Qué hace todo eso —o algo en particular— allí? ¿Por qué tiene el aspecto que tiene y no otro? ¿Qué echas de menos? ¿A qué puede deberse? ¿Qué está diciendo aquella persona? ¿Qué es lo que suena? ¿Por qué me siento así? La lista de preguntas puede ser tan amplia y completa como desees.

Un detalle que también te interesa conocer es que la información te llegará a través de tres canales sensoriales: el visual, el auditivo y el emocional (también conocido como kinestésico). Por eso mismo, te proponemos seguir este orden en tu secuencia de exploración, para que puedas extraer el máximo de información: comienza explorando la que procede del canal visual, continúa con la del canal auditivo y finaliza con la del canal emocional.

Aunque el orden no es determinante, sabemos por experiencia que la secuencia concreta que te proponemos funciona muy bien. Además, es nuestra preferida. En cualquier caso, te aconsejamos que no la descartes sin haberla probado primero; después, si no te ha convencido, puedes probar tantas variaciones como quieras hasta dar con una secuencia que te funcione mejor.

Por otra parte, para que la técnica produzca los efectos deseados es necesario que despejes tu cabeza de cualquier tipo de ruido antes de empezar. Una mente ruidosa suele ser muy poco imaginativa.

Tienes varias formas de conseguirlo. Por ejemplo, si aún no dispones de una mente extendida, haz lo que suelas hacer cuando quieres vaciar tu mente. Y si ya cuentas con una mente extendida, te será aún más fácil. Solo tendrás que aparcar en ella cualquier objeto que haya quedado por ahí —en tu cabeza o fuera— sin reconocer.

También puede ayudarte hacer tres o cuatro inspiraciones profundas o un par de estiramientos antes de empezar el ejercicio.

Al margen de cómo elijas vaciar tu mente, cuando hayas logrado eliminar el ruido, activa tus sentidos y prepárate para empezar.

APLICACIÓN PRÁCTICA DEL PASO IMAGINAR

El paso Imaginar comienza haciendo un acto de fe: creer que ya has alcanzado el resultado deseado, convencerte de ello por completo, sin dudas. Esta convicción es indispensable. Sin ella, este paso no funcionará.

A partir de aquí, el resto es sencillo: cierra los ojos y elige la imagen que más se ajuste a tu resultado de todas las que veas. ¿Ya la tienes? Genial.

¿Aún no? Vamos a ver a qué puede deberse y cómo solucionarlo. Por ejemplo, hay gente a la que le cuesta mucho hacer el acto de fe inicial; se resiste con fiereza a dar por real algo que sabe que aún no lo es. Y, además, la fiereza con que se resiste no es lineal, sino que se incrementa en función de cómo percibe el resultado: cuanto más inalcanzable, complejo o difuso le parece, mayor es su resistencia a creer que ya lo ha conseguido.

Si tienes la sensación de que este puede ser tu caso, no pasa nada; la resistencia que notas es una reacción normal de tu cerebro. Aun así, es imprescindible que hagas el esfuerzo necesario y te convenzas. En serio: es importantísimo. Si no fuera crucial, no insistiríamos; pero la firme convicción de haber logrado el resultado es requisito para que el resto de este paso funcione de la forma esperada. Así que tómate todo el tiempo que necesites y recuerda que, en el fondo, nada de esto tiene consecuencias. Si quieres, cuando termines el ejercicio puedes dejar de creer que lo has conseguido.

Para otras personas el reto no es tanto creérselo como saber qué es lo que tienen que imaginar en concreto. Esta situación se da con frecuencia cuando la idea que tenemos del resultado es todavía demasiado difusa. Sin embargo, por paradójico que pueda parecer, es en estos casos cuando más útil resulta el paso Imaginar. La clave, como adelantábamos, es confiar en el proceso y seguirlo —dejarte llevar por él—, limitándote a experimentar y fluir.

Es indispensable que te tomes esta técnica como un juego.

Ten en cuenta que no te estás comprometiendo a nada ni con nadie, no corres ningún riesgo y además es gratis. Sobre todo, evita racionalizar, analizar o juzgar lo que estás haciendo. No pienses, fluye. Imaginar es simplemente crear imágenes. Todo el mundo sabe y puede hacerlo. Por consiguiente, es imposible acertar o equivocarse y tampoco se puede hacer ni bien ni mal.

Si no tienes claro cuál es el resultado, no pasa nada. Cierra los ojos, piensa en qué quieres conseguir con él, céntrate en qué cambiará en tu vida o en tu entorno cuando lo consigas y presta atención a las imágenes que verás aparecer. ¿Alguna de ellas podría ser lo que quieres lograr? No te pares a concretar la respuesta ni intentes verbalizarla; solo déjate guiar por tus sensaciones y tu intuición. ¿Ya tienes tu imagen? Si es así, enhorabuena.

Si no ha habido suerte, tampoco pasa nada. Es normal que los primeros intentos no funcionen en ocasiones. En cualquier caso, no lo fuerces. La creatividad y la presión se llevan bastante mal. Descansa, date un paseo, escucha música, tómate un café o lo que suelas hacer para relajarte; se trata de no obsesionarte con el tema y dejar que la serendipia trabaje un rato, antes de intentarlo de nuevo.

Confía en ti y en que, antes o después, darás con la imagen que buscas; lo más probable es que aparezca de repente, en cualquier momento y cuando menos lo esperes.

Una vez tengas por fin ante ti la imagen de tu resultado deseado, lo siguiente es extraer información de ella. Para lo cual, primero te transportarás mental y emocionalmente al momento futuro que se corresponda con la imagen. Imagina que estás allí, dentro de ella, viviendo el momento con plena intensidad y realismo.

Observa con curiosidad a tu alrededor (recuerda que estás físicamente dentro de la imagen) y fíjate en cualquier cosa que te llame la atención, por el motivo que sea. Puede ser, por ejemplo, porque no esperabas verlo allí, o porque su apariencia es distinta de la habitual o de la que inicialmente imaginabas. Te puede llamar la atención cualquier detalle visual: uno o más objetos, personas, el lugar, la luz, el color, el olor, etc. Anota todo lo que llame tu atención o, si dispones de una mente extendida, apárcalo.

Presta luego atención a lo que oigas (recuerda que es una imagen enriquecida y que tiene sonido). ¿Qué oyes? ¿Hay algo que destaque por encima del resto o que llame en especial tu atención? ¿De qué está hablando la gente (si es que hay gente)? ¿Oyes, por ejemplo, alguna expresión de sorpresa o celebración, o alguna información interesante o alguna advertencia? Si están hablando de ti o se dirigen a ti en algún momento, ¿qué dicen o qué te dicen? ¿Qué les dices tú? A lo mejor eres tú quien está hablando. En ese caso, ¿qué dices?

Por último, presta atención a tu cuerpo y, en especial, a lo que te transmitan tus sentidos. ¿Qué sientes? ¿Qué sensaciones experimentas al estar dentro de la imagen? ¿Qué emoción de las que sientes en ese momento es la más fuerte de todas? ¿La sientes solo en una parte determinada del cuerpo o en varias partes a la vez? ¿Dónde en concreto la sientes?

Cuando hayas terminado de explorar los tres canales, lo normal es que tengas un volumen considerable de información nueva. En algunas ocasiones será sobre aspectos de tu resultado que ignorabas; en otras, sobre elementos o detalles distintos de los que suponías. También habrás confirmado aspectos que intuías o sospechabas. En general, habrás ganado claridad sobre qué es lo que, en concreto, quieres conseguir y para qué quieres conseguirlo. Y gracias a la nueva claridad que habrás obtenido, estarás un paso más cerca de lograrlo.

Paso 2: Acotar

Al aplicar el paso Imaginar sin ningún tipo de limitación, es normal que generes muchas opciones sobre cómo ejecutar tu plan. Esto forma parte natural del proceso y no es bueno ni malo en sí mismo. Sin embargo, sí hace necesario filtrar de algún modo la información obtenida para extraer solo la que sea relevante. De este modo evitaremos que la información innecesaria empañe la claridad que queremos conseguir.

Por consiguiente, este segundo paso, Acotar, tiene dos objetivos. El primero de ellos es eliminar el exceso de información que se haya podido generar en el paso anterior. El segundo es asegurar que —al margen de su cantidad— la información que conserves sea relevante para el resultado que quieras alcanzar.

Aunque no solamos ser conscientes de ello, todos los resultados están limitados de manera natural por la intersección de tres elementos: su propósito, nuestros valores y las condiciones de contorno; de los tres, el más importante con diferencia para el éxito del plan es el propósito.

Acotar nuestro resultado es algo tan sencillo como dar forma concreta y llenar de contenido cada uno de estos tres elementos de manera intencional y explícita.

PROPÓSITO

El propósito de un resultado es la finalidad última de este: ¿para qué quieres conseguirlo? Fíjate en que no hablamos de cualquier finalidad, sino de la última. En otras palabras, conviene indagar un poco más allá de las primeras finalidades que puedan aparecer.

Imagina, por ejemplo, que quieres disponer de tu propio medio de transporte. Un propósito podría ser ganar independencia a la hora de desplazarte, en vez de depender del transporte público. Otro podría ser, por ejemplo, tardar menos en ir al trabajo. O tal vez lo que en realidad deseas es disponer de más tiempo libre para pasarlo con tu pareja, con tus amigos o para hacer deporte. Cualquiera de los propósitos anteriores es igual de válido. Lo único que queremos decirte es que no des por bueno lo primero que se te ocurra, y que profundices un poco hasta tener claro cuál de ellos es el verdadero propósito —la finalidad última— para ti.

De todos modos, aquí también sirve el consejo que te dábamos en el paso anterior: no te obsesiones ni des a esto más importancia de la que tiene. Quédate con la idea de que es importante saber para qué quieres conseguir tus resultados —con qué propósito— y quédate también con que a veces lo primero que te vendrá a la cabeza como respuesta podría no ser lo que parece. Por eso merece la pena invertir unos minutos más en ganar claridad sobre qué te mueve de verdad a conseguir tus resultados.

Un último comentario sobre el propósito. Si el resultado que deseas conseguir no es tuyo en realidad, sino que te lo han asignado (tu organización, un cliente, etc.), es frecuente que tenga más de un propósito y que cada uno de ellos tenga un origen distinto. Cuando esto ocurra, necesitarás averiguarlos todos.

Esto significa que, por una parte, tendrás que averiguar cuál o cuáles son los propósitos de quien o quienes te han asignado dicho resultado (la finalidad última con la que lo han hecho). Pero, sobre todo, significa que necesitarás averiguar cuál es el tuyo, porque podría no ser obvio. Por eso es crucial que dediques unos minutos a identificar qué vas a ganar tú, a título personal, con la consecución del resultado que te han asignado.

Y no te quedes en la superficie. Respuestas como «dinero» o «reputación», por ejemplo, son poco útiles. Profundiza un poco más hasta dar con algo que tenga verdadero poder motivador para ti: un propósito de verdad. Dar con esta fuente de motivación es crítico. La necesitarás más adelante, cuando encuentres obstáculos o el plan no avance como esperas, algo que ocurrirá antes o después, por muy bien que lo hayas diseñado.

VALORES

Continuemos ahora con los valores. Como su nombre indica, son cualidades que, por la razón que sea, tienen un valor especial para ti y, por eso, también pueden contribuir a acotar el resultado.

En el ejemplo que acabamos de ver, un valor podría ser la sostenibilidad medioambiental (porque la consideres primordial). Si este fuera el caso, no querrás que tu nuevo medio de transporte utilice combustibles fósiles y, en consecuencia, cualquier opción que contradiga este valor quedará excluida de inmediato.

Puedes pensar en los valores de dos maneras distintas.

Una de ellas es considerarlos limitaciones, una serie de «líneas rojas» que no quieres traspasar bajo ningún concepto, aunque te beneficie hacerlo (por ejemplo, ayudándote a conseguir tu resultado en menos tiempo, a un menor coste o con mayor facilidad).

La otra forma de pensar en los valores es justo la opuesta a la anterior, es decir, como requisitos que quieres que se cumplan o que estén presentes en la consecución del resultado.

Por supuesto, puedes combinar valores de ambos tipos —limitaciones o requisitos— para acotar tu resultado, ya que es tuyo y solo tuyo.

CONDICIONES DE CONTORNO

Llegamos, finalmente, a las condiciones de contorno. Un buen símil para representarlas sería el campo de juego de cualquier deporte. Elijas el deporte que elijas, verás que casi todos suelen presentar al menos un par de características comunes: un espacio físico delimitado y unas reglas del juego.

Con los resultados ocurre lo mismo. Aunque al planificar sería bonito pensar que el cielo es el límite, no deja de ser una utopía en la mayoría de los casos; en la práctica, cuando abordas un resultado lo haces casi siempre sabiendo que habrá ciertas limitaciones que te vendrán impuestas.

No existe ninguna regla fija en relación con las condiciones de contorno. Pueden ser muchas o pocas, e impuestas por ti, por las circunstancias, por terceras personas o por una mezcla de todo lo anterior. Como es lógico, algunas de estas limitaciones serán objetivas, es decir, inevitables; otras serán subjetivas, por lo que —al menos en teoría— podrían llegar a cambiar o a desaparecer en un momento dado. En cualquier caso, lo más relevante de las condiciones de contorno es saber que existen y, sobre todo, cuáles son. También es esencial no confundirlas con el resultado (lo cual ocurre a menudo).

Algunas condiciones de contorno suelen estar presentes en la mayoría de los resultados. Este es el caso de las que tienen que ver con limitaciones legales o económicas y con plazos temporales. Por el contrario, otras son muy específicas y únicamente las encontrarás en resultados concretos.

Vamos a ver ahora algunos ejemplos variados de condiciones de contorno para que te hagas una idea de la amplitud de lo que estamos hablando.

Retomemos el ejemplo del resultado que era disponer de tu propio medio de transporte para no depender del transporte público.

Una condición de contorno «típica» sería el presupuesto máximo que estés dispuesto a gastarte. Otras condiciones más específicas serían que se pueda aparcar con facilidad o que te permita llevar a alguien más contigo.

Otro resultado que nos puede servir de ejemplo es cambiar de residencia. Es muy probable que las limitaciones económicas también estén presentes en este caso. En cuanto a condiciones más específicas, algunas podrían ser las posibles ubicaciones, el número de habitaciones, la proximidad de determinados servicios (transportes, colegios, parques, etc.), el tiempo de desplazamiento al trabajo o incluso el tipo de vivienda (interior/exterior, bajo/ático, etc.).

Un último consejo antes de terminar. Básicamente, busca la simplicidad. No te pierdas en la terminología y, sobre todo, no te agobies. En la práctica, da igual si algo forma parte del propósito, es un valor o una condición de contorno. La razón por la que da igual es que las tres sirven para lo mismo: acotar tu ámbito de actuación a la hora de conseguir tu resultado y dejar fuera todo lo que es irrelevante para ello.

El ejemplo que vimos antes, referido a que tu nuevo medio de transporte no utilice combustibles fósiles, podría ser un valor o una condición de contorno. Lo que de verdad es crítico entender es que existen una serie de criterios que te resultarán muy útiles para descartar parte de las posibles opciones o posibilidades, lo cual te ayudará a economizar recursos y mejorar tu enfoque al planificar.

Paso 3: Definir

Lo primero y más relevante que necesitas Definir es el resultado que quieras conseguir. Aunque ahora te parezca que está muy claro y que no lo olvidarás nunca, te garantizamos que no será así. Por eso es indispensable que dediques el tiempo necesario no solo a definir con precisión tu resultado, sino a cuidar con esmero su redacción, tal y como explicaremos en el capítulo «Buenas prácticas sencillas para ejecutar con elegancia».

Uno de los principios fundamentales de la efectividad es interactuar con las cosas solo las veces imprescindibles para lo que necesites, lo cual exige interactuar con ellas de la forma adecuada (esto es, pensando antes de hacer).

Interactuar con algo múltiples veces y siempre con la misma finalidad es ineficiente, porque significa que cada vez que interactúas con ello lo estás haciendo «a medias», es decir, mal. Lo efectivo es interactuar una única vez para cada finalidad. Actuar así te obligará no solo a pensar qué vas a hacer y cómo lo vas a hacer, sino también a hacer bien lo que tengas que hacer; así no necesitarás volver a pensarlo, decidirlo o hacerlo otra vez, más adelante y con el mismo fin.

En el caso que ahora nos ocupa, la buena práctica es hacer lo necesario para asegurarte de no tener que generar de nuevo la misma información que acabas de generar, o tener que tomar otra vez las mismas decisiones que acabas de tomar.

La forma de aplicar esta buena práctica es redactar con nitidez el resultado al que has llegado en la fase de diseño y organizar la parte del trabajo realizado que quieras conservar para que la puedas recuperar de la forma más fácil, cómoda y efectiva posible, cuando la necesites más adelante.

Si todavía no utilizas una mente extendida, un buen soporte para el paso Definir son las fichas, tanto físicas como digitales; te recomendamos emplear una ficha por resultado.

Si ya utilizas una mente extendida, gran parte de la información generada y de las decisiones tomadas serán «material», mientras que otra pequeña parte serán recordatorios de «actividades» o «resultados».

Veamos ahora cómo organizar todo lo relacionado con el diseño de tu resultado y, en primer lugar, cómo hacerlo si no cuentas con una mente extendida.

Sugeríamos hace un momento la idea de utilizar fichas. Si te gustan, vamos a proponerte una posible forma de usarlas:

- Encabeza la ficha con la definición del resultado, de manera que destaque del resto del contenido de la ficha y resulte fácil de leer.
- Detalla el propósito o propósitos de tu resultado (puede haber tantos como quieras, aunque te aconsejamos no pasar de dos o tres).
- Incluye los valores que sean relevantes para el caso, tanto los que no quieres infringir de ningún modo como los que quieres tener presentes en la consecución del resultado.
- Incorpora las condiciones de contorno. Es importante actuar con objetividad e intentar reflejar la realidad con la mayor precisión posible. Si algo es una condición de contorno, lo es, tanto si te gusta como si no, y una buena práctica es reflejar este hecho en la definición de tu plan.

Veamos ahora cómo organizarlo si utilizas una mente extendida:

- Incorpora un recordatorio del resultado a tu lista «Resultados» (aunque es probable que lo modifiques más adelante, en la fase de concreción).
- Organiza el material cómo y dónde suelas hacerlo habitualmente.

Recuerda que «material» es el apodo temporal con el que nos referimos a las cosas mientras las necesitamos en relación con los recordatorios. Por consiguiente, todo lo que no es el propio resultado, es decir, el propósito, los valores y las condiciones de contorno, es «material».

Para organizarlo, puedes utilizar fichas o carpetas (físicas o digitales) o incluso alguna app específica para gestionar documentación. Se trata de probar hasta dar con la opción que te resulte más útil, teniendo siempre presente que la buena práctica para organizar el material es guardarlo de modo que no pierdas ni un segundo en localizarlo cuando lo necesites.

7

Fase 2 – Previsión

En la fase de diseño has logrado un avance considerable con tu resultado. Ahora sabes con certeza qué quieres conseguir y cómo lo reconocerás cuando lo hayas conseguido. También tienes clara la finalidad o propósito del mismo —para qué lo quieres conseguir— y has ganado claridad sobre qué tipo de relación existe entre el resultado y tus valores. Y por si todo esto no fuera suficiente, has delimitado las condiciones de contorno en las que podrás o querrás actuar para conseguirlo. ¡Enhorabuena! Ya tienes casi todo lo que necesitas para empezar.

En la fase anterior comprobaste que presuponer la claridad sobre el resultado es un error. Pues bien, lo mismo ocurre con el recorrido que te conducirá a dicho resultado. Saber dónde quieres llegar es imprescindible para lograrlo, pero no es suficiente. Aunque tal vez te cueste creerlo, entre donde estás ahora y ese punto al que quieres llegar —tu resultado— hay un amplio espacio en blanco que necesitarás rellenar. De lo contrario, cometerás el error de dar por conocido lo que en realidad ignoras.

Podríamos decir que la fase de previsión sobre la que te vamos a hablar en este capítulo es una ampliación de la fase anterior. Por una parte, porque persigue algo muy parecido: ganar claridad sobre cómo llegar a tu resultado en vez de suponer cómo lo lograrás.

Por otra, porque las técnicas que utilizarás para ello son una extensión de las que acabas de aprender y aplicar en la fase de diseño.

Al igual que mucha gente no revisa sus planes porque parte de la premisa errónea de que no cambiarán, son muchas las personas que obvian esta fase de previsión porque creen conocer la secuencia completa de pasos que los conducirá a su resultado.

Sin embargo, tener este conocimiento es imposible en nuestra concepción de la planificación. Porque si el resultado es de verdad transparente, es decir, si conoces todos los pasos que te llevarán a él —sin margen de error y sin que sobre ni falte ninguno—, entonces no necesitas un plan, sino un procedimiento. Si necesitas un plan es porque —con seguridad— en algún momento futuro tendrás que hacer cosas que ahora no solo desconoces, sino que ni siquiera se te han pasado por la cabeza; al igual que algunas de las que ahora crees que tendrás que hacer no habrá que hacerlas al final. Por eso esta fase de previsión es crucial. Gracias a ella, cuando ocurran todas esas cosas insospechadas, en lugar de sorprenderte, sonreirás.

Asimismo, es muy probable que en alguna ocasión, al conseguir un resultado, te hayan surgido ideas relacionadas con él y hayas tenido pensamientos del tipo «si se me hubiera ocurrido antes», «si lo hubiera sabido» o «si lo hubiera tenido en cuenta», por poner solo algunos ejemplos. Pues bien, si dedicas el tiempo necesario a la fase de previsión de tus planes, nunca más volverás a tener este tipo de pensamientos. ¿Por qué? Muy sencillo: porque, sea lo que sea, ya estará ahí; se te habrá ocurrido, lo sabrás o lo habrás tenido en cuenta en el momento adecuado, es decir, antes de empezar a avanzar con tu resultado. Aunque te pueda parecer increíble, es verdad.

Hay un detalle importante que necesitas conocer antes de adentrarte en esta segunda fase y es que todas las técnicas que aprenderás en ella —y que también practicarás— tienen como objetivo fomentar el pensamiento divergente, que es una de las principales fuentes de creatividad.

El adjetivo «divergente» sirve para delimitar un tipo específico y particularmente creativo de pensamiento que te permitirá generar una amplia variedad de ideas, soluciones o posibilidades en relación con una determinada pregunta o situación. Cuando apliques este tipo de pensamiento, combinarás múltiples perspectivas y explorarás diferentes enfoques, todos ellos destinados a estimular la originalidad y favorecer la apertura mental.

Finalizamos esta introducción a la fase de previsión adelantándote que, al igual que la fase anterior y que la próxima, consta de tres pasos. Estos tres pasos son en realidad planteamientos complementarios de una única buena práctica: prever.

En cada uno de ellos aplicaremos esta buena práctica desde una perspectiva distinta. Para evitar confusiones, hemos llamado a estos tres pasos: Prever desde el realismo, Prever desde el optimismo y Prever desde el pesimismo.

Tal vez tengas la sensación de que esto es prever demasiado, así que vamos a aprovechar para compartir contigo un secreto que poca gente conoce: la clave para conseguir resultados es prever más y sobreplanificar menos.

Como dice la Real Academia Española (RAE), el verbo «prever» significa «ver con anticipación» y, en concreto, «conocer, conjeturar por algunas señales o indicios lo que ha de suceder». Gracias a la previsión, podrás prescindir de las suposiciones y eliminarás o reducirás al mínimo los posibles «imprevistos», lo que te dejará en inmejorables condiciones para hacer frente a cualquier contingencia futura que se produzca durante la ejecución de tu plan.

Paso 1: Prever desde el realismo

Es probable que este primer paso de la fase de previsión te resulte menos novedoso que los otros dos que verás en el capítulo, aunque no por ello sea menos relevante. La menor novedad se debe a que, para prever desde el realismo, utilizarás una técnica de generación de ideas derivada, a su vez, de otra muy conocida llamada *brainstorming*, tormenta de ideas o lluvia de ideas.

En su origen, el *brainstorming* se diseñó para ser utilizada en grupo, ya que se creía que el pensamiento colaborativo contribuía a producir mejores resultados al beneficiarse de la diversidad de ideas. Sin embargo, estudios posteriores han demostrado que esto no es así y que el *brainstorming* colectivo lleva a la aparición del llamado «pensamiento de grupo» (*groupthink*, en inglés), un tipo de comportamiento que es perjudicial para los procesos creativos.

La buena noticia es que dichos estudios no dicen que el *brainstorming* no sea útil; lo único que afirman es que, cuando se aplica en grupo, los resultados suelen ser mediocres. Sin embargo, no ocurre lo mismo cuando la técnica se aplica de manera individual. De hecho, es una técnica que nos encanta porque además es muy sencilla; por eso la utilizamos siempre que tiene sentido hacerlo, como por ejemplo en esta segunda fase de la TARO3®.

Aunque hay diversas formas de realizar un ejercicio de *brainstorming*, nuestra recomendación es que uses los mapas mentales de los que te hablamos en el capítulo «Técnicas poderosas para ver más allá de lo evidente». Si te animas a utilizarlos, recuerda que podrás emplear el soporte que prefieras para dibujarlos, sea este físico, digital o cualquiera de las decenas de aplicaciones específicas que existen para este fin.

Como recordarás, construir los mapas mentales es muy fácil, ya que todos ellos comparten una estructura idéntica: un tema central y una serie de ramificaciones que surgen de este y que muestran las relaciones entre los diversos elementos del mapa. En nuestro caso, el tema central será el resultado que quieras conseguir y las ramificaciones serán todos los aspectos relevantes que puedas imaginar en relación con el resultado.

Decíamos también que, para maximizar tu creatividad, la buena práctica al usar mapas mentales es incluir imágenes y jugar con las formas y el color, en vez de limitarte solo a conectar unos textos con otros. El motivo por el que se trata de una buena práctica es porque fomenta la cognición distribuida.

El concepto de «cognición distribuida» sugiere que la cognición —el proceso por el cual adquirimos conocimiento y comprendemos— no está limitada al cerebro de manera exclusiva, sino que se distribuye a lo largo de los diferentes elementos externos a la persona, como por ejemplo las herramientas, los artefactos, otros individuos o el entorno físico. En otras palabras, la mente no está confinada en el cerebro, sino que puede extenderse a través de la interacción dinámica con los objetos externos y el resto del entorno.

Por consiguiente, cuando externalizas la información contenida en tu cerebro y la vuelcas sobre un mapa mental, conviertes a este último en parte de tu proceso cognitivo. En la medida en que esa información que vuelcas sea más rica y variada —en cuanto a contenidos, formas y colores—, más potenciarás tu cognición.

Por otra parte, no olvides que esta técnica, al igual que las otras dos que veremos en esta segunda fase, tiene como finalidad promover el pensamiento divergente, esto es, fomentar tu creatividad. El objetivo de una sesión de *brainstorming* es sencillo: ayudarte a generar el máximo número de ideas que seas capaz en relación con el resultado que quieres conseguir y, en concreto, con las posibles formas de llegar a él.

La clave para el éxito de este ejercicio es prestar atención al aspecto cuantitativo y olvidarte del cualitativo. Dicho de otro modo, se trata de que generes muchas ideas, al margen de su calidad. Ten esto presente cuando apliques la técnica porque es fundamental y tu primer impulso será otro.

El impulso o tendencia natural que sentirás está inducido por nuestro sistema educativo, que ya desde la infancia nos entrena para que apliquemos un tipo de pensamiento opuesto al divergente. Nos referimos al pensamiento convergente, el cual persigue encontrar la mejor respuesta ante una pregunta o situación. Este tipo de pensamiento es útil cuando lo que buscas es encontrar con rapidez una solución viable. El problema es que esto no es lo que buscamos ahora.

Además de anular la creatividad, el pensamiento convergente no nos garantiza que esa idea sea idónea, aunque sea viable y parezca buena. De hecho, si lo piensas un instante, la probabilidad de que la primera solución viable que aparezca sea la mejor de todas las soluciones viables que existen es mínima, prácticamente nula. Por eso no nos basta con una única idea, por excelente que parezca; lo que necesitamos es tener muchas ideas, cuantas más, mejor; aunque tengamos la sensación de que casi todas ellas son pésimas. Es posible que esta afirmación te sorprenda, pero es aquí donde reside buena parte de la «magia». Vamos a ver por qué.

Imagina que, mientras estás haciendo un *brainstorming* sobre tu resultado, se te ocurre una idea que, la mires por donde la mires, es absurda (por poco realista, complicada, costosa, etc.). Sin embargo, a partir de ella, se te ocurre una nueva idea, aunque esta es incluso peor que la primera. Así varias veces más, con ideas tan malas que cada una de ellas parece competir por superar a la anterior.

Y, de repente, aparece. La superidea. Una idea espectacular, inesperada y brillante. La idea definitiva que puede dar un giro radical a tu plan y ser la clave del éxito de tu resultado.

Ahora piensa un momento. ¿Qué hizo posible la aparición de esta última idea tan fantástica? ¡Así es! Todas las malas ideas anteriores.

Sin ellas, no habría surgido. De ahí la importancia de tener muchas ideas, aunque la gran mayoría de ellas sean desechables. Por algo Linus Pauling, eminente químico, bioquímico y ganador de dos premios Nobel, afirmaba: «La mejor manera de tener una buena idea es tener muchas ideas».

Paso 2: Prever desde el optimismo

Como ya hemos adelantado, las técnicas de visualización son de uso habitual en el ámbito de la psicología y el deporte de élite. Sin embargo, en el mundo de la planificación son muy poco conocidas. Esto nos llevó a desarrollar un par de versiones específicas para esta finalidad a las que llamamos, respectivamente, *pre-success* y *pre-disaster*.

Por otra parte, y precisamente por ser poco conocidas, es muy probable que tu primer contacto con estas técnicas de visualización te haga sentir inseguridad, extrañeza o incluso incomodidad.

Si te ocurre esto, recuerda que «difícil» es el adjetivo que empleamos para referirnos a aquello que aún no hemos practicado lo suficiente. Tenlo siempre en cuenta si en algún momento, al aplicar estas nuevas técnicas (o lo que sea que hagas por primera vez, aunque no guarde relación alguna con la efectividad), te surgen dudas sobre si lo estás haciendo bien o sobre su utilidad, o si te notas torpe al aplicarlas o no tienes claro del todo la finalidad de lo que haces. Todas estas sensaciones son normales al principio y desaparecerán progresivamente a medida que te familiarices con las técnicas.

Recuerda también que la solución a todas las situaciones que acabamos de describir es muy sencilla: enfócate en el proceso —sin analizarlo ni pensar en él— y síguelo, dejándote llevar por él con la mente abierta y centrando toda tu atención en experimentar y fluir. Verás cómo, a medida que ganes práctica, todo te parecerá mucho más fácil y natural.

Por otra parte, además de todas las ventajas comunes a las técnicas de visualización de las que ya te hablamos, nosotros hemos observado que el *pre-success* en concreto puede ser muy útil para eliminar, o al menos modificar, creencias limitantes. Esta capacidad es de particular importancia porque las creencias limitantes reducen la motivación y favorecen la procrastinación. Por lo tanto, en la medida en que logres erradicarlas, estarás en mejores condiciones para avanzar sin obstáculos hacia tus resultados.

Comprobarás que el inicio de esta técnica es similar al del paso Imaginar en la fase de diseño: convencerte por completo de que ya has alcanzado el resultado deseado. La diferencia es que en esta ocasión no te quedarás ahí, sino que irás más allá y te convencerás no solo de que lo has conseguido, sino de que lo has hecho «a lo grande»; imposible mejor. Podríamos decir que el *pre-success* es la versión utópica y ultraoptimista del paso Imaginar.

Profundicemos un poco más en este requisito inicial antes de continuar, porque es fundamental que seas consciente de los obstáculos que podrás encontrar. Según nuestra experiencia, una de las situaciones más comunes es dudar sobre tu capacidad para lograr el resultado. Esto es un problema porque las dudas crean fricción, de tal modo que cuanto mayores sean, más te resistirás a creer que lo has conseguido. Imagina el nivel que puede alcanzar esta fricción si el hecho de haber conseguido el resultado no es suficiente, sino que además tiene que haber sido «a lo grande».

Por eso, si detectas esta resistencia en ti, nuestra recomendación es que leas de nuevo el paso Imaginar de la fase de diseño y pruebes con las posibles soluciones que allí sugerimos, hasta dar con la que te funcione. Ten en cuenta que si no eres capaz de visualizar un éxito rotundo en la consecución de tu resultado, la técnica del *pre-success* no funcionará para ti.

Así que tómate el tiempo que haga falta e inténtalo tantas veces como sea necesario hasta que lo consigas (lo cual ocurrirá, sin duda, antes o después). Cuando hayas sido capaz de sumergirte en ese futuro idílico de ilimitadas posibilidades en el que todo es maravilloso, estarás en condiciones de continuar avanzando.

APLICACIÓN PRÁCTICA DE PREVER DESDE EL OPTIMISMO

Una vez te hayas convencido de haber logrado tu resultado «a lo grande», existen dos alternativas para continuar con la aplicación del *pre-success*: la fórmula autoguiada y la fórmula facilitada; cada una de las cuales tiene sus ventajas e inconvenientes.

La principal ventaja de la fórmula autoguiada es la autonomía, ya que solo dependerás de ti para aplicarla. También puede ser tu alternativa ideal si eres una persona tímida o prefieres hacer las cosas en solitario. El único inconveniente de esta fórmula es que te obligará a estar pendiente del proceso al mismo tiempo que participas en él, lo cual puede resultar algo complicado en ocasiones, en especial las primeras veces.

En cuanto a la opción de la fórmula facilitada, su gran ventaja es que te permitirá olvidarte del proceso y sumergirte por completo en la dinámica. Esto puede ser decisivo en los casos en los que te cueste vencer tus dudas y creer que has conseguido el resultado «a lo grande». El principal inconveniente es que necesitarás encontrar a una persona capaz de facilitar bien el proceso, lo cual puede ser un verdadero reto por las razones que luego comentaremos. Por ahora, quédate con la idea de que si la persona que lo facilite no lo sabe hacer muy bien, es preferible que optes por la fórmula autoguiada.

Elijas la fórmula que elijas, el proceso que seguirás es el mismo; solo cambiará quién lo lidera. Es muy sencillo: tan solo consiste en ir haciendo preguntas abiertas, cuyas respuestas te revelarán información significativa para conseguir tu resultado.

A diferencia de las preguntas cerradas —las que se responden con un «sí» o con un «no»—, las preguntas abiertas nos invitan a dar respuestas largas y elaboradas, que son las que tú necesitas para que esta técnica funcione de la forma adecuada y genere la información de calidad que esperas.

Una buena práctica muy recomendable es seguir un orden al hacer las preguntas, es decir, empezar por aquellas referentes al origen y los primeros pasos y continuar avanzando hasta llegar a las que abordan la consecución del resultado. También es importante aprovechar la formulación de las preguntas para reforzar en todo momento el carácter de éxito rotundo de la consecución del resultado, en especial cuando aún puedan quedar dudas.

Otra buena práctica adicional es dotar a este ejercicio de variedad para evitar que sea plano y acabe resultando monótono. Para conseguir este dinamismo, es muy útil alternar preguntas de distintos tipos, como por ejemplo combinando las que indagan sobre pequeños éxitos parciales con otras sobre los principales obstáculos que aparecieron durante el recorrido. Cuando hagas estas últimas, recuerda que deben transmitir en todo momento que dichos obstáculos se lograron superar con éxito (ya que al final se consiguió el resultado «a lo grande»).

Si optas por la fórmula facilitada, es clave que la persona que desempeñe este papel lo haga con la máxima neutralidad y desde una posición tan convencida como la tuya de que alcanzaste tu resultado con un éxito rotundo. Como decíamos, este requisito puede parecer sencillo de cumplir, pero no lo es en absoluto, porque casi todo el mundo siente un deseo irrefrenable de decirte cómo lo harían ellos o cómo creen que deberías hacerlo tú. Nada de esto puede ocurrir de ninguna manera.

Ten en cuenta que cualquier gesto o comentario crítico, juicio de valor, opinión o incluso sugerencia bienintencionada es, por lo general, suficiente para dar al traste con el ejercicio y arruinar la técnica. La persona que te ayude tiene que tener muy claro que no se trata de una sesión de consultoría ni de una asesoría, y tampoco es un trabajo en equipo ni un ejercicio colaborativo; es únicamente una técnica que solo protagonizas tú. Por tanto, quien guía el ejercicio tiene que hacer un esfuerzo de contención y limitarse a facilitar el proceso, resistiéndose por todos los medios a la inevitable tentación de intervenir.

Para que te hagas una idea del perfil que necesitas buscar, la actitud ideal de la persona que facilite el *pre-success* debe ser la de «cotilla sin límites», es decir, con una curiosidad genuina e ilimitada por saber qué hiciste para lograr el éxito rotundo, pero siempre sin juzgar, proponer, opinar o, menos aún, criticar.

En cuanto a las preguntas más poderosas para el éxito de esta técnica —sin llegar a ser una lista exhaustiva—, a nosotros nos gusta preguntar cómo surgió la idea de conseguir el resultado; qué personas desempeñaron algún papel relevante en el proceso (tanto a favor como en contra y, en este último caso, indagando en cómo se consiguieron sortear los obstáculos); cuáles fueron los hitos principales; qué momentos recuerdan como los más duros (y cómo lograron superarlos con éxito); en qué punto del recorrido tomaron conciencia de que la consecución del resultado era ya imparable; o si en algún momento tuvieron serias dudas acerca de si lo lograrían (y cómo las vencieron).

Para terminar la práctica, también solemos preguntar qué harían distinto si tuvieran que conseguir de nuevo el mismo resultado —aprovechando lo que han aprendido a partir de la experiencia—

y, por último, qué tres claves nos darían si fuéramos nosotros quienes quisiéramos lograr ese resultado (u otro similar, en el caso de que lo anterior no tuviera sentido).

Podemos asegurarte que si aplicas esta técnica de la forma correcta no solo te divertirás, sino que te sorprenderá la cantidad de información útil que aportará para tu plan. Aunque al principio mucha gente se resiste a creer que ha logrado algo que considera muy difícil de alcanzar, comprobarás que la gran paradoja de esta técnica es que la dificultad percibida se disipa de inmediato en cuanto se logra visualizar y experimentar un futuro en el que no solo se alcanza el resultado, sino que se logra de manera excepcionalmente grandiosa.

Paso 3: Prever desde el pesimismo

Finalizamos la fase de previsión con la segunda técnica de visualización de cosecha propia: el *pre-disaster*. En este caso no estamos ante un desarrollo integral nuestro —como sucedía con el *pre-success*—, sino ante una variante mejorada que hemos hecho del *pre mortem*, una modalidad de *brainstorming* muy conocida en el mundo de la planificación profesional.

La técnica original del *pre mortem* fue desarrollada por el psicólogo Gary Klein, experto en toma de decisiones y gestión de situaciones críticas. Klein la presentó por primera vez en su libro *Sources of Power: How People Make Decisions*, publicado en 1998. Su enfoque invierte la forma tradicional de hacer análisis de riesgos, que normalmente se centra en identificar problemas potenciales antes de que se presenten. En lugar de esto, el *pre mortem* propone imaginar que el proyecto ya ha fracasado. A partir de ahí, se trabaja hacia atrás para identificar las posibles causas de ese fracaso. Esta técnica se ha vuelto popular en la gestión de proyectos y la toma de decisiones estratégicas porque permite anticipar problemas potenciales y tomar medidas preventivas de manera proactiva, antes de que se materialicen.

La principal limitación que encontramos en la versión original planteada por Klein es que fomenta una racionalización excesiva en el análisis, reduciendo con ello de forma notable la «implicación emocional» de sus actores.

De acuerdo con nuestra experiencia, este «distanciamiento emocional» puede llegar a ser un problema, ya que impide acceder a una parte de la información relacionada con el resultado que podría ser crítica para su éxito.

Por otro lado, estamos ante un efecto muy difícil de evitar, ya que la mayoría de las personas —como es lógico y comprensible— preferimos mantenernos alejadas del fracaso todo lo posible.

Creemos, sin embargo, que la raíz del problema no está tanto en el enfoque del planteamiento de Klein como en la forma concreta de materializarlo. Expliquemos esto un poco más, ya que es importante entenderlo para tener claro por qué es tan potente la técnica del *pre-disaster* y, sobre todo, para aplicarla de manera correcta.

Lo que propone Klein no deja de ser, en esencia, un ejercicio de *brainstorming*: imaginar que hemos fracasado en la consecución del resultado y —desde fuera, como espectadores— pensar de forma retrospectiva en los diversos errores que nos han conducido al fracaso o que puedan explicarlo.

Lo que ocurre con este enfoque es que nos sitúa —de partida— fuera de la historia, y por «historia» entendemos la interminable sucesión de errores encadenados que dieron al traste con el resultado. En otras palabras, es la técnica elegida la que origina el «distanciamiento emocional» al limitar nuestro rol a ser observadores o analistas, en vez de permitirnos ser los actores.

Como todo el mundo sabe, no es lo mismo verlo desde fuera que vivirlo desde dentro, y por eso nuestra propuesta para solventar esta limitación es utilizar una técnica distinta del *brainstorming*: la visualización.

En cualquiera de las variantes de esta técnica que nosotros proponemos, el requisito común es «vivir desde dentro» lo que ocurre, convenciéndote en primer lugar de haber completado el recorrido y de estar en el punto final del proceso.

Pues bien, si en el caso del *pre-success* habrás llegado a ese punto final con un éxito rotundo y «a lo grande», en el caso del *pre-disaster* lo que sucederá es justo lo contrario: habrás fracasado de forma estrepitosa y lamentable. Porque la segunda técnica que hemos creado consiste precisamente en esto, en invertir el enfoque de la primera técnica de tal forma que todo lo que aquella tenía de positivo y optimista lo tenga esta ahora de negativo y pesimista.

En línea con este nuevo enfoque, algunas preguntas poderosas para el *pre-disaster* —de nuevo sin intención de ser una lista exhaustiva— son las que indagan sobre errores de todo tipo (presupuestarios, logísticos, de comunicación, etc.) que podrías haber evitado, pero que no previste en su momento o para los que subestimaste la probabilidad de que ocurrieran; suposiciones que hiciste y nunca llegaste a constatar (tanto las relacionadas con situaciones surgidas durante el proceso, incluidas las relacionadas con los comportamientos de diversos actores, como las generadas por partidarios y adversarios imprevistos); problemas esperados e inesperados que surgieron y que solo «parcheaste», en lugar de resolverlos de la forma adecuada; momentos en los que parecía que todo iba bien y, de repente, todo empezó a ir mal, o situaciones casi imposibles de prever y que, aun así, ocurrieron.

Si quieres ampliar este repertorio inicial de preguntas para esta técnica, o construir un repertorio propio, ten en cuenta que el objetivo del *pre-disaster* siempre es doble. Por una parte, se trata de obtener información complementaria a la ya conseguida con el *brainstorming* y el *pre-success*; y por otra, contrarrestar el efecto de dos sesgos cognitivos muy perjudiciales sobre los que profundizaremos más adelante: el efecto de sobreconfianza y la falacia de la planificación (si la curiosidad te vence o no quieres esperar, puedes adelantarte al apartado «Recalibrar tu estrategia desde una perspectiva global», informarte más sobre ellos y luego continuar leyendo aquí).

Llegamos así al final de este tercer paso y también de la fase de previsión, una fase que, como comprobarás, será de incalculable valor para tus planes, ya que no todo el mundo accede a la misma información cuando piensa en un resultado.

Hay personas que valoran la información —o creen que la necesitan— más que otras, o que sienten una atracción especial —o una particular repulsión— por los detalles relacionados con determinados temas; también hay personas que recopilan información en la cantidad adecuada y otras que tienden a hacerlo por exceso o por defecto. Y no podemos olvidar la actitud vital hacia el futuro, con un amplio rango de actitudes que abarcan desde el pesimismo más descorazonador hasta el optimismo más desenfrenado.

El exceso de información tiene fácil solución; veremos cómo hacerlo en la fase 3 que explicaremos en el próximo capítulo. De todo lo demás que acabamos de mencionar, en relación con la información y la actitud vital, se encarga la fase de previsión.

Gracias a la técnica del *brainstorming* te asegurarás de que tu punto de partida tenga una base sólida, objetiva y con los pies en el suelo; una base creada a partir de la información más obvia, relevante y realista sobre tu resultado. Sin embargo, esto es solo el principio, porque no te pararás ahí.

Si tienes un carácter pesimista, el *pre-success* te ayudará a acceder a una información que te estaría vedada en caso contrario; el mismo papel que desempeña el *pre-disaster* de cara a las personas que tienden al exceso de optimismo.

Por eso la fase de previsión tiene un valor incalculable. Porque sea cual sea tu actitud ante la información o ante la vida, la previsión —una vez convertida en hábito— es la mejor garantía de que siempre abordarás tus resultados con la información que necesitas y en las mejores condiciones para conseguirlos.

8

Fase 3 – Concreción

En la fase de previsión, cuando explicábamos la técnica del *brainstorming*, decíamos que la clave para el éxito del ejercicio era prestar atención al aspecto cuantitativo y olvidar el cualitativo, es decir, que necesitamos generar muchas ideas, al margen de su calidad. Esta misma afirmación se aplica también a las otras dos técnicas de pensamiento divergente que acabas de aprender: el *pre-success* y el *pre-disaster*.

Como comprobarás en breve, la fase de concreción en la que ahora entramos es opuesta y complementaria a la fase de previsión, que es a la que debe su existencia.

Para entender mejor la relación entre ambas fases, las podemos representar con triángulos; cada uno de los lados del triángulo indica una característica de la fase: enfoque cognitivo, tipo de pensamiento y objetivo.

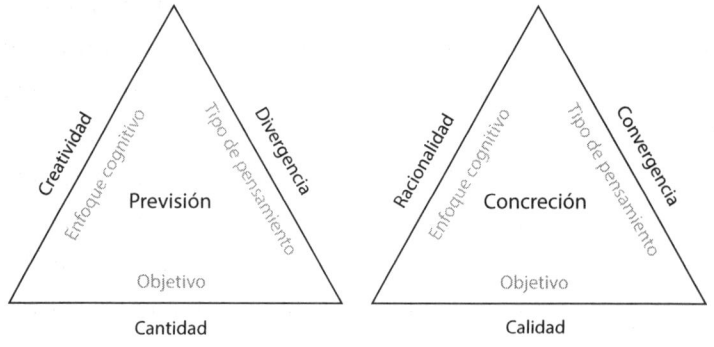

De este modo, en el triángulo de la previsión tenemos: creatividad, divergencia y cantidad; y en el triángulo de la concreción: racionalidad, convergencia y calidad.

En el paso Consolidar de esta tercera fase de la TARO3® nos centraremos en este último triángulo, por lo que aprenderás a filtrar todo el material generado en la fase anterior para conservar lo que tenga sentido y descartar lo que no lo tenga.

A continuación, en el paso Integrar, también identificarás los hilos y las secuencias, qué actividades van primero y cuáles van después. Al hacerlo, descubrirás las dependencias entre los distintos elementos del plan, detectarás los puntos críticos —o cuellos de botella— y definirás los principales hitos o puntos intermedios. Una vez hecho esto, actualizarás tu mente extendida con la información final de tu plan en el paso Organizar.

Hacemos ahora un alto en el camino para compartir contigo una reflexión sobre la planificación tradicional. Hemos preferido esperar a llegar aquí porque queríamos que dispusieras del contexto necesario para que te resulte útil.

Si conoces o tienes experiencia con las técnicas tradicionales de planificación, comprobarás que aplicar el pensamiento divergente no se parece en nada a ellas. Tú no jugarás con la bola de cristal a adivinar el futuro o, peor aún, a decidir cómo será. En su lugar, imaginarás futuros improbables, y no solo eso, sino que lo harás de manera consciente y «a lo grande»; así llegarás a los extremos de sus vertientes más optimistas y pesimistas y «vivirás» por un momento ambas experiencias anticipadamente. Por el contrario, para las técnicas tradicionales de planificación, «planificar» se suele reducir solo al segundo paso de esta tercera fase en la que nos encontramos: Integrar, y ni siquiera en su totalidad. El resto de los pasos se ignoran.

Esto significa que la planificación tradicional se centra únicamente en uno de los nueve pasos que, de acuerdo con nuestra experiencia, son imprescindibles para planificar de manera efectiva; los otros ocho, incluyendo los relacionados con la creatividad y el pensamiento divergente, se pasan por alto. Nosotros estamos convencidos de que esta decisión explica muchas de las cosas que vemos en el día a día, ¿tú no?

Que la TARO3® aporta un inmenso valor a todo tipo de planes es un hecho poco discutible. Y da lo mismo que sean planes personales o profesionales, sencillos o complejos, que tengan muchos o pocos actores o que sus limitaciones sean unas u otras (de presupuesto, de plazos o de lo que sea). Solo hay una excepción en la que aplicar la TARO3® podría no tener sentido: que no se trate de un plan, sino de un procedimiento. En el resto de los casos, es decir, cuando haya cierta opacidad sobre el camino que conduce al resultado, no hay excusa válida que justifique el hecho de no aplicarla.

Habrá quien piense que las organizaciones no pueden perder tiempo con este tipo de cosas. Nada más lejos de la realidad. No es una pérdida de tiempo, sino una inversión mínima que ocupará entre menos de una hora y algo más de un par de horas, en función de la magnitud y complejidad del plan. Cuando apliques la TARO3® comprobarás que el retorno que obtienes es descomunal y que habrá compensado con creces esa pequeña inversión: menos errores, menos *rework*, menos estrés, mayor eficiencia, más calidad, más tranquilidad, etc. Por eso nos parecía tan importante compartir esta reflexión contigo antes de continuar. Ahora que lo hemos hecho, sigamos avanzando. La fase de concreción nos espera.

Paso 1: Consolidar

El nombre de este paso, Consolidar, es bastante autoexplicativo, pero su utilidad es menos obvia de lo que pueda parecer, así que profundicemos un poco en ella.

A no ser que tengas ya alguna experiencia previa con resultados similares, lo normal es que al empezar, cuando lleves a cabo la fase de diseño, haya muchos aspectos del plan que aún desconozcas. Esto hará que parte de tu plan inicial se acerque más al *wishful thinking* que a la realidad (si no recuerdas qué es el *wishful thinking*, lo explicábamos en el capítulo «Planificación adaptativa: la alternativa efectiva a la sobreplanificación»). Como consecuencia de ello, mucho de lo que pienses y decidas en esta primera fase cambiará a medida que dispongas de nueva información, o bien completes o actualices la que ya tienes.

Por otro lado, uno de los requisitos para aprovechar al máximo el potencial del pensamiento divergente es evitar cualquier tipo de autolimitación al aplicarlo. Sin ánimo de ser pesados, insistimos sobre esta idea porque es fundamental que la tengas presente en todo momento cuando apliques las técnicas.

Por ejemplo, cuando lleves a cabo el *pre-success*, ten presente que todo es potencialmente ilimitado, por mucho que te cueste creértelo: el tiempo que tengas para conseguir el resultado, el presupuesto con el que cuentes, la disponibilidad de cualquier recurso humano o material necesario —o, simplemente, deseable—. Todo, absolutamente todo, es ilimitado.

Y lo mismo sucederá con el *pre-disaster*; no habrá fallo posible que no puedas cometer, «faena» que no te puedan hacer o catástrofe que no pueda ocurrir, por descomunales o injustas que te parezcan.

Además, recuerda que el objetivo de ambas dinámicas no tiene nada que ver con la calidad sino con la cantidad. La tentación natural que sentirás será la de conseguir una selección de ideas de gran calidad, así que deberás obligarte a hacer todo lo contrario: generar el mayor número posible de ideas, por malas, absurdas o inviables que sean en su mayoría. Céntrate solo en eso cuando apliques estas técnicas.

Si has aplicado bien todos los pasos anteriores, cuando llegues a esta fase de concreción dispondrás de una gran cantidad de información con la que no contabas al empezar la TARO3®. La utilidad de esta información será variable, y ahí reside el valor del paso Consolidar, que consiste en «hacer limpieza», separando la que para ti tenga sentido conservar de la que descartarás.

APLICACIÓN PRÁCTICA DEL PASO CONSOLIDAR

La aplicación correcta de las técnicas del *pre-success* y del *pre-disaster* dará lugar a que parte de la información que generes entre en conflicto con alguno de los elementos que definiste en la fase de diseño. Esto se debe a que el pensamiento divergente, al ser incompatible con las autolimitaciones, te llevará a cruzar «líneas rojas». Por ejemplo, puede que algunas decisiones que tomes durante la fase de previsión entren en conflicto con el propósito que definiste para tu resultado. También es probable que incumplas —o estés cerca de incumplir— algunos de tus valores, y casi con seguridad traspasarás los límites que estableciste en tus condiciones de contorno. Lejos de ser un problema, que ocurra esto es fantástico. De hecho, si nunca te sucede será porque estarás aplicando mal las técnicas.

Es fantástico porque el hecho de cruzar estas líneas rojas te hará replantearte muchas de las decisiones de partida. En algunas ocasiones, las líneas rojas serán infranqueables para ti, por lo que decidirás mantenerlas; pero en otras te animarás a redibujar estas líneas o incluso a suprimirlas, porque sabrás que es lo que más te acerca al resultado que quieres conseguir y lo más adecuado para lograrlo.

En resumen, cuando finalices la fase 2, no solo dispondrás de una amalgama de información difícil de aprovechar en ese estado, sino que, además, buena parte de ella se habrá desactualizado o habrá perdido parte de su valor. Por ello, necesitarás volver a pensar y decidir acerca de dicha información. Esto es parte del proceso —al igual que generar muchas ideas malas—, y, lejos de ser un desperdicio, es una inversión para que la TARO3® funcione como deseas.

Ten en cuenta que los motivos por los que la información y las ideas se desactualizan o pierden valor son múltiples. En ocasiones, será tan fácil como que habrás dado con unas ideas mejores; otras veces, la nueva información de la que dispongas será más útil y relevante para tu resultado que la que tenías antes; y en otras ocasiones, también descartarás las ideas iniciales porque serán ocurrencias inviables o porque, después de pensarlo mejor, ya no te convencerán o te dará pereza llevarlas a cabo.

En realidad, el motivo por el que descartes las primeras ideas dará un poco igual, porque la razón de ser de toda esa información y de esas ideas que se han vuelto inservibles era otra: hacer posible que surgieran las buenas ideas, ese puñado de joyas que sí conservarás. Como ahora ya han cumplido su misión, lo importante es hacer limpieza, deshacerte de lo que no sirve y consolidar todo lo demás, esto es, lo que sí sirve.

Por otra parte, no pierdas de vista que en esta fase 3, de concreción, estarás todo el tiempo aplicando el pensamiento convergente (práctico, racional y enfocado en la calidad), por lo que tu prioridad aquí debe ser la opuesta a la que tenías en la fase 2: ahora se trata de seleccionar unas pocas ideas y que sean muy buenas.

Esta es la utilidad principal del paso Consolidar, que, como comprobarás en el ejemplo, es muy sencillo de aplicar. Con solo echar un vistazo, sabrás diferenciar entre lo que para ti tiene sentido conservar —porque aporta valor a tu plan y a tu resultado— y lo que no. También descubrirás que, al igual que algunos de los elementos originales ya no están, hay otros que siguen estando pero han evolucionado a consecuencia de la fase de previsión y que, junto a ellos, han aparecido otros nuevos. Debido a todos estos cambios, necesitarás actualizar, matizar y dar forma de nuevo a mucha de la información de origen que hayas decidido conservar; dicho de otro modo, una parte importante del paso Consolidar consiste en reescribir las piezas de tu plan.

Tampoco te sorprendas demasiado si el resultado que definiste en el paso 3 de la fase de diseño cambia a consecuencia de todo el trabajo que hiciste después. Si bien es cierto que los cambios radicales son poco frecuentes, es bastante habitual que haya cambios, aunque solo sean de matiz. Si este es tu caso, vuelve a donde lo organizaste (una ficha, la lista «Resultados» de tu mente extendida o donde sea) y actualiza su redacción para que refleje los cambios.

En cuanto a lo que decidas guardar, ten cuidado de no caer en el síndrome de Diógenes o acabarás con un montón de información que no solo carecerá de utilidad, sino que será un obstáculo. Te avisamos porque «guardar por guardar» es un mal muy extendido que conviene evitar.

Te preguntarás qué hacer con la información que sí conservarás o dónde la pondrás... No vayas tan deprisa. Todo eso lo harás en el paso Organizar, pero antes tendrás que pensar y decidir en conjunto sobre ella, es decir, la tendrás que integrar.

Paso 2: Integrar

Cuando llegues a este segundo paso de la fase 3, contarás con un puñado de información selecta sobre cómo alcanzar de forma óptima tu resultado. Sin embargo, lo que tendrás será información aún poco aprovechable, dispersa y hasta cierto punto inconexa. Lo cual por otra parte es lógico, ya que, si recuerdas, tuviste que entresacarla de la amalgama de información generada en la fase de previsión.

Antes de elegir integrar, descartamos un buen número de nombres alternativos, ya que este paso es en realidad la suma de muchos pequeños pasos —todos cruciales por igual— y no nos convencía elegir uno de ellos y que destacara sobre los demás. Así que al final elegimos integrar, por dos motivos.

El primer motivo era dejar constancia de que este paso no es un único paso, sino varios que hay que aunar para componer un todo: el plan que conducirá a tu resultado.

El segundo motivo era dejar clara la necesidad de comprender, asimilar y validar este plan —de interiorizarlo y de hacerlo tuyo por completo—, ya que solo así estarás en condiciones de comprometerte al cien por cien con él y de integrarlo plenamente en tu vida como parte de tu quehacer diario.

Por otro lado, aunque en algún momento hemos hecho referencia a la buena práctica de aparcar o a los aparcamientos, todo lo que hemos visto de la TARO3® hasta llegar aquí es independiente de que cuentes o no con una mente extendida. Sin embargo, el aprovechamiento de este paso y del siguiente varía mucho en función de la forma que tengas de decidir y organizarte.

Teniendo esto en cuenta, creemos que lo que tiene sentido es explicar el caso ideal, que es utilizar una mente extendida junto a la nueva forma de decidir y organizarte que la acompaña, así que eso es lo que haremos. Si tú no dispones aún de una, podrás seguir la explicación de todos modos y, a partir de ahí, organizar la información de la forma habitual para ti o incorporando alguna de las buenas prácticas que mencionaremos.

En el capítulo 19 de nuestro libro *Recupera tu vida con una mente extendida* resumimos en un esquema la nueva forma de decidir y organizarte que es necesario aprender para ser una persona efectiva.

Si leíste el libro, comprobarás que la relación entre decidir y organizar es análoga a la que existe entre el paso 2, Integrar, y el paso 3, Organizar. Nos referimos a que, aunque por razones didácticas explicaremos cada paso por separado, en la práctica los aplicarás de manera consecutiva. Dicho de otro modo, no integrarás toda la información y luego la organizarás, sino que integrarás y organizarás cada elemento, uno a uno, hasta haberlo hecho con todos.

El paso Integrar comienza construyendo una panorámica de la información disponible. Empleamos la palabra «panorámica» para destacar la importancia del carácter visual de este paso. Es importante que puedas contemplar toda la información a la vez, como si de un cuadro o una foto se tratara. Es imprescindible que dispongas de una buena visión del conjunto, en la que además se perciban con claridad todos los elementos clave y las relaciones significativas que existan entre ellos.

A continuación, te proponemos un planteamiento inicial de las características esenciales que formarán parte de esta panorámica:

- Cuáles son los principales hitos o resultados intermedios del plan (si los hay).
- Cuál es la secuencia de actividades principal y, de haberlas, las secuencias parciales o secundarias (qué secuencia de actividades va antes y cuál va después).
- Qué partes del plan son más independientes del resto y qué otras lo son menos.
- Con qué parte o partes del plan puedes avanzar ya y con cuáles tendrás que esperar.
- Qué partes del plan dependen de otras personas para su avance y cuáles dependen solo de ti.
- Dónde están los puntos críticos o cuellos de botella (potenciales o confirmados).

- Qué partes del plan parece que avanzarán más rápido o con mayor facilidad y en qué otras parece que ocurrirá lo contrario.

Es muy importante que consideres cuidadosamente todos estos elementos, aunque al final decidas que alguno de ellos no figure de forma explícita en la panorámica. Por ejemplo, si la ejecución de un determinado plan depende únicamente de ti, no sería necesario que especificaras a quién pertenece cada parte del plan en la panorámica. Por tanto, serás tú quien decida qué elementos incorporar y en qué orden hacerlo para que queden bien reflejados en la imagen que construyas.

También te invitamos a ampliar esta lista inicial que proponemos, con pasos adicionales que, en función de tu experiencia, contribuyan a la ejecución del plan y a la consecución del resultado.

PROFUNDIZANDO EN LA PLANIFICACIÓN ADAPTATIVA

Una vez dispongas de esta panorámica y tengas claras las relaciones entre sus elementos, lo siguiente es tomar decisiones a partir de ella. Aquí es donde entra en juego la planificación adaptativa, esto es, la buena práctica de centrarse solo en lo que ya se puede hacer, en vez de preocuparse por lo que aún no se puede hacer (y quizá ni siquiera haya que hacer nunca).

Nos referimos a que la buena práctica es posponer las decisiones todo lo posible, en vez de tomarlas en el momento en que se plantea la necesidad de hacerlo.

Posponer las decisiones (siempre que hacer esto no implique riesgos significativos) es una buena práctica porque, desde un punto de vista estadístico, las decisiones tienden a ser más acertadas cuanto más cerca se toman del momento de su ejecución. Esto se debe a una sencilla razón: la información que se emplea para tomarlas es más completa y, sobre todo, está más actualizada.

Dicho de otro modo, las únicas decisiones que deberías tomar en el momento de aplicar el paso Integrar son únicamente las que pertenezcan a una de estas dos categorías:

- Las decisiones que no alberguen el menor margen de duda y no puedan sufrir cambio alguno debido a imprevistos.
- Las decisiones que pondrían en serio riesgo tu resultado si no las tomaras en este momento.

Todas las demás decisiones, que deberían ser la gran mayoría, déjalas sin tomar; ya irás viendo y decidiendo qué hacer en función de cómo avance el plan. Vamos a ver un ejemplo para que se entienda mejor cómo aplicar esta buena práctica.

Imagina que en la fase de previsión de un plan cualquiera te pareció una buena idea contar con un plan de contingencia (un plan B) ante la posibilidad de que se planteara una determinada situación de riesgo.

En la planificación tradicional, ese plan de contingencia cuya conveniencia se ha identificado se planificaría desde el minuto uno, es decir, se tomaría la decisión de contar con él, por lo que formaría parte del plan inicial. En el caso de la planificación adaptativa esto sería sobreplanificar.

La buena práctica es comenzar sin el plan de contingencia e ir viendo cómo evolucionan las cosas según se avanza en la ejecución del plan. Si la situación de riesgo parece cada vez más probable, entonces lo inteligente será anticiparse a ella e incorporar el plan de contingencia al plan principal; en caso contrario, esto es, si la situación de riesgo parece cada vez más improbable, es casi seguro que podrás ahorrártelo. No olvides que tu pasado (y el nuestro) está repleto de preocupaciones por horribles catástrofes que parecían tan inevitables como inminentes y que, aun así, jamás llegaron a suceder.

En resumen: integra el «vamos viendo» en tu vida, ocúpate con diligencia de lo que ya puedes hacer y olvídate por ahora de lo que ni siquiera sabes si tendrás que hacer.

Para concretar: deja para más adelante toda decisión que suponga un riesgo asumible y controlado; así la podrás tomar en el momento adecuado, es decir, cuando dispongas de la información más actual y completa y, sobre todo, cuando estés más cerca (en el tiempo) de su ejecución.

Somos conscientes de que esta forma de pensar —y de actuar— supone un cambio disruptivo frente a lo que nos han enseñado. Si no fuera disruptivo, no funcionaría de la manera espectacular en que lo hace: resultados sin estrés, sin ansiedad, sin prisas, sin agobios, sin *rework*, etc.

No tienes que creerlo solo porque te lo digamos nosotros —que llevamos más de una década planificando adaptativamente—, sino también porque es lo que te dirá cualquiera que haya aprendido a planificar así con nosotros y esté aplicando este nuevo enfoque en su vida y su trabajo.

En serio, por muy grande que pueda ser tu escepticismo en estos momentos, hazte un favor y, al menos, prueba la planificación adaptativa. Tu «yo» del futuro te lo agradecerá.

Cuando llegues a este punto de la TARO3®, lo más frecuente es que el plan que tengas ante ti se parezca poco a la idea original con la que empezaste. Por eso el paso Integrar finaliza con una necesaria reflexión seguida de una conversación honesta contigo mismo.

A veces la diferencia entre las versiones inicial y final del plan serán mínimas, pero en ocasiones serán abismales. Cuando esto último ocurra, es esencial que dediques unos instantes a asimilar el cambio y a reflexionar sobre él. ¿Qué sientes ante el nuevo plan que ahora tienes ante ti? ¿En qué medida afectan los cambios a tu compromiso inicial con él? ¿Hasta qué punto sigue siendo ahora el momento idóneo para llevar a cabo esta versión actualizada del plan?

Puedes utilizar estas preguntas u otras similares, siempre que cumplan con su cometido: que tomes conciencia de todo lo que implica la versión actualizada de tu plan y te asegures de estar en las condiciones adecuadas para comprometerte sin reservas con su ejecución hasta alcanzar tu resultado.

Paso 3: Organizar

El tercer y último paso de la también tercera y última fase de la TARO3® es Organizar, que, como explicábamos, se aplica de forma conjunta con el paso Integrar.

Antes de continuar, recuerda que utilizaremos la palabra «organizar» con el significado que tiene en el método OPTIMA3® y que repasamos a continuación: «Organizar es aprovechar la capacidad del hipocampo para ahorrar toda la energía mental posible. Esto se consigue creando mapas cognitivos en los que establecemos relaciones uno a uno entre lugares y significados. Organizar es decidir en qué sitio pongo cada cosa o, dicho de otra forma, decidir qué pongo dónde».

Tu mente extendida está diseñada expresamente para ayudarte a organizar, esto es, a agrupar en sitios concretos todos los recordatorios que comparten el mismo significado. Teniendo esto en cuenta, veremos a continuación cómo organizar en tu mente extendida lo que necesites conservar después de completar el paso Integrar:

- Resultados. El recordatorio de tu resultado —el que obtuviste en el paso Definir de la fase de diseño, y que tal vez actualizaste en el paso consolidar— lo organizarás en la lista «Resultados». Si quieres, también podrás organizar allí los hitos o resultados parciales del plan, bien como subapartados del resultado principal, bien sustituyendo a este. Eso sí, solo podrás organizar los recordatorios de hitos que ya estén activos, esto es, para los que ya tengas algún recordatorio de actividad en alguna otra parte de tu mente extendida. El resto de los hitos —los que aún no estén activos— los organizarás como «material».

- Actividades (propias). Los recordatorios de las actividades que harás tú, los organizarás en las listas situacionales® que ya conoces de nuestro libro *Recupera tu vida con una mente extendida*. La mayoría de ellos podrás organizarlos en las listas que uses de manera habitual —incluyendo el calendario—, aunque es posible que necesites crear alguna lista adicional para las nuevas situaciones que se producirán como consecuencia del plan, como por ejemplo sitios nuevos a los que irás o personas nuevas con las que te relacionarás. Recuerda que las actividades son las acciones físicas y visibles que tendrás que completar para avanzar hacia tu resultado. Tampoco olvides que, para que algo sea de verdad una actividad, tendrás que poder completarlo de una sola vez, sin ninguna interrupción (será «tachable»), y, sobre todo, acuérdate de que también tendrá que ser «real», es decir, podrás hacerla sin necesidad de completar antes ninguna otra actividad previa. Es muy importante que tengas presente en todo momento que si algo no se puede hacer todavía —porque antes tendrás que completar algún paso previo—, entonces no es una actividad y por consiguiente no puede aparecer en ninguna lista situacional® de tu mente extendida.

- Actividades delegadas. Como ya sabes, los recordatorios de las actividades que harán otras personas los organizarás en la lista *ad hoc* específica «Actividades delegadas». Ten cuidado de no caer en la mala práctica de mezclar los recordatorios de las actividades que delegas en alguien con los de las actividades que harás tú cuando hables o te reúnas con esa misma persona; si lo haces, ya no será una lista situacional®, sino que pasará a ser una lista de archivo (las cuales son inútiles para gestionar recordatorios y por lo tanto no tienen cabida en una mente extendida).

- Decisiones pendientes de tomar. Ya explicamos al final del paso Integrar por qué es una buena práctica posponer lo máximo posible la toma de cualquier decisión que lo permita, sin incurrir por ello en riesgos inasumibles (o sea, la inmensa mayoría de las decisiones que tomarás durante la ejecución del plan). Lo que nos faltaba explicar era «dónde ponerlas». Por suerte, tu mente extendida también tiene un sitio específico para ellas: la lista «Por reevaluar». Recuerda que la utilidad de esta lista depende de la calidad del mantenimiento que hagas de tu mente extendida. En otras palabras, si el mantenimiento es pobre, esta lista será poco útil. Como sabemos que no es lo que quieres, piensa que eso es un motivo más para convertir en hábito la revisión de mantenimiento si aún no lo has hecho.

- Resto de los recordatorios (si los hubiera). Es posible que, en ocasiones, necesites organizar determinados recordatorios que no tengan cabida en tus listas situacionales®, que, como sabes, son listas de uso habitual. Cuanto más largo, complejo o inusual sea tu plan, más probable será que esto suceda. Si se da el caso, basta por ahora saber que los organizarás en un tipo específico de listas —las listas *ad hoc* de apoyo a la ejecución— que explicaremos con detalle en la tercera parte del libro.

- Todo lo demás (relacionado con el plan). Como explicábamos en *Recupera tu vida con una mente extendida*, en OPTIMA3® llamamos «material» a cualquier cosa (decoración, documentación, herramienta, mobiliario o suministro) relacionada con al menos un recordatorio de tu mente extendida. Por consiguiente, todo lo que no hemos mencionado hasta ahora y que quieras conservar una vez finalizado el paso Integrar es «material»: notas, esquemas, mapas mentales, diagramas, la información que hayas podido volcar en herramientas tipo Asana, Trello, Jira, Basecamp, ClickUp, etc. Recuerda que el material, aunque necesario, tiene una importancia secundaria para la ejecución del plan. Lo realmente crítico, a lo que necesitas prestar atención con regularidad, estará en tus listas situacionales® (y puede que también en alguna lista *ad hoc*), porque es allí —y solo allí— donde están las actividades que te harán avanzar hacia la consecución de tu resultado.

Un ejemplo completo de cómo aplicar la TARO3®

Ahora que ya conoces toda la teoría referente a la TARO3®, llega por fin el momento de aplicarla. Hemos elegido para ello un ejemplo que cumple a la perfección los requisitos de ser universal, extrapolable y versátil que comentamos en el anexo «Los ejemplos, mejor buenos y al final»: reformar el cuarto de baño de casa. Que no te engañe su carácter personal porque la dinámica sería idéntica si se tratara de reformar la oficina, una tienda o un despacho.

Repetimos el consejo que dábamos en *Recupera tu vida con una mente extendida* para que puedas aprovecharlo al máximo: ten presente en todo momento que los ejemplos no son más que eso, ejemplos genéricos, y que no tienes por qué seguirlos al pie de la letra ni hacer las cosas de manera idéntica a como las planteamos; de hecho, esperamos que no sea así.

Te recomendamos que leas entre líneas y busques la esencia de lo que contamos. Para ello, te será útil aparcar durante un rato tu sentido crítico (damos por sentado que el ejemplo es mejorable) y centrar tu atención en entender los matices de lo que te mostramos para adaptarlo a tu realidad. Precisamente para eso hemos elegido un ejemplo extrapolable y versátil, para que puedas luego crear el tuyo con facilidad y a la medida de tus gustos, preferencias y necesidades.

Un detalle importante es que en Prever desde el realismo, el paso 1 de la fase 2, hemos optado por explicar el proceso de creación del mapa mental en lugar de limitarnos a incluir una imagen de este. Tenemos tres buenas razones para ello.

La primera razón es que nos parece mucho más didáctico hacerlo de esta manera, ya que, si nunca has usado mapas mentales, lo habitual al ver su imagen es pensar que se crean de manera secuencial y ordenada, algo que rara vez es así en la práctica.

La segunda razón es que los gráficos dan a menudo problemas de visualización al ser reproducidos en medios digitales como, por ejemplo, los libros electrónicos.

La tercera y última razón es que la explicación paso a paso de cómo crear el mapa mental mantiene toda su validez y riqueza en el formato audiolibro, mientras que una imagen gráfica la pierde por completo.

Por otro lado, si no tienes experiencia previa trabajando con mapas mentales y quieres aprovechar al máximo esta parte del ejemplo, te recomendamos que cojas papel y lápiz y que vayas creando el mapa mental como si tú fueras la persona del ejemplo. Una ventaja adicional de recrear el mapa mental con tus propias manos es que, cuando acabes, dispondrás de su imagen completa. Por supuesto, también puedes utilizar tu aplicación de mapas mentales preferida si lo del papel no te convence.

Otro detalle importante que necesitas conocer es que hemos optado por la opción facilitada para los pasos 2 y 3 de la fase de previsión: Prever desde el optimismo (técnica del *pre-success*) y Prever desde el pesimismo (técnica del *pre-disaster*), respectivamente. Recuerda que la única diferencia entre la opción autoguiada y la facilitada es que en la primera las preguntas te las harías tú y en la segunda te las hará otra persona. La gran ventaja de la opción que hemos elegido es que, si alguna vez quieres probar la opción facilitada, contarás con un ejemplo que mostrar a la persona que te vaya a ayudar, para que sepa qué actitud concreta necesita adoptar.

Por otra parte, la persona que hace las preguntas en el *pre-success* y el *pre-disaster* del ejemplo juega el rol de «cotilla sin límites» que comentábamos al explicar la teoría de estos pasos. Si alguna vez pides a alguien que te ayude con estas técnicas, te recomendamos que antes de empezar se lea el ejemplo prestando mucha atención a cómo actúa esta persona. Pídele que se fije sobre todo en que no cuestiona, ni juzga, ni critica, ni propone nada en ningún momento; solo pregunta y, si hace algún comentario, es únicamente para empatizar o para animar. Es clave para el éxito de ambas técnicas que quien te ayude recuerde mantener en todo momento esta actitud.

Recuerda también que los puntos de partida del *pre-success* y del *pre-disaster* son dos situaciones extremas ficticias, hasta el punto de ser virtualmente imposibles (un éxito desmesurado y un desastre sin límites). Tenlo en cuenta porque en el ejemplo no se da ninguna explicación previa, sino que se empieza directamente con las preguntas, por lo que es probable que te resulte sorprendente o extraño.

Para finalizar, te explicamos el contexto de la situación que ha dado pie a que quieras alcanzar el resultado del ejemplo: la bajante del vecino de arriba ha reventado y la inundación ha dejado tu baño destrozado, así que no te queda otro remedio que hacer obras. Dada la situación, y gracias a la indemnización que te pagará el seguro, es la ocasión ideal para llevar a cabo la reforma que tanto tiempo llevas aplazando y resolver de una vez por todas los atascos de la ducha. Al fin y al cabo, lo que le ha pasado al vecino de arriba te podría pasar a ti en cualquier momento.

9

Fase 1 – Diseño

Paso 1: Imaginar

No tienes claro del todo qué significa con exactitud la expresión «reformar el baño» en este caso concreto. Gracias al paso Imaginar estarás un poco más cerca de saberlo, así que cierras los ojos, imaginas que ya ha finalizado la reforma del baño y te dedicas a contemplar —y también a disfrutar— del resultado que tienes ante ti.

Lo primero que notas es que ha desaparecido la sensación de estar en un baño-cueva; ya no es un sitio oscuro y con bastante tufo a moho, sino una habitación luminosa, con aspecto limpio y saludable: todo bien ordenado y con olor a limpio. Imaginas las caras que pondrán tus invitados cuando hagas una fiesta en casa: ¡hasta puedes escucharles felicitándote por el resultado!

Otro detalle que destaca es el diseño sencillo, funcional y moderno, nada que ver con el baño estilo años ochenta que tenías antes. Además, con la nueva distribución incluso has ganado espacio: ahora ya no se ve todo amontonado por los rincones.

Notas algo más, pero no sabes qué es. De repente, caes en la cuenta: la molesta corriente de aire que entraba por el sistema de ventilación ha desaparecido.

Por supuesto, el atasco recurrente de la ducha que tanta guerra te dio y tanta pasta te costó es cosa del pasado. Lo tienes claro: aunque el fontanero era muy majo, no lo echarás de menos.

A continuación, dejas volar tu imaginación y te ves dándote una ducha: estás muy a gusto, con el agua y la habitación a la temperatura perfecta; sin olores raros, con buena luz y sin el ruido (ni el gasto) de la vieja estufa eléctrica que tenías: ¡ahora sí que puedes disfrutar de una buena ducha relajante!

Paso 2: Acotar

Propósito; en este caso no tienes solo uno sino tres:

- El primero es económico: Dejar de malgastar el dinero desatascando la ducha cada dos por tres; te has propuesto resolver el problema definitivamente.
- El segundo es recuperar la paz mental: No aguantas más y necesitas liberarte de la preocupación constante por que un día lo del atasco de la ducha se complique y te organice un buen lío, como le ha ocurrido al vecino de arriba.
- El tercero es más personal: Tener —¡por fin!— un cuarto de baño a tu gusto, ya que el actual es el que venía con la vivienda cuando la compraste y te ha horrorizado desde que lo viste por primera vez.

Valores:

- Calidad: Materiales bien acabados, resistentes y duraderos.
- Comodidad: Es fundamental que te transmita bienestar; quieres disfrutarlo.

- Pragmatismo: Quieres un baño que sea práctico y funcional, fácil de usar, limpiar y ordenar.
- Proximidad: Para ti es importante recurrir a proveedores locales siempre que sea posible.
- Sobriedad: Que tenga todo lo necesario, pero nada de pagar de más por lujos extra.
- Sostenibilidad: Económicamente optimizado para ahorrar el máximo de agua y electricidad sin pérdida de confort.

Condiciones de contorno:

- La distribución del baño debe ser espaciosa y permitir moverse con comodidad.
- El presupuesto total no puede superar la cuantía de la indemnización del seguro.
- Las obras deben comenzar cuanto antes, ser lo más breves posible y limitarse a lo imprescindible.

Paso 3: Definir

Gracias a haber completado los dos primeros pasos de esta fase, ahora tienes suficiente claridad para redactar con precisión el resultado que quieres alcanzar: «He resuelto los atascos de la ducha y estoy disfrutando de un cuarto de baño a mi gusto».

10

Fase 2 – Previsión

Paso 1: Prever desde el realismo

Abres tu aplicación favorita de *mindmapping* y creas un nuevo mapa mental. En su nodo central escribes: «Reparación de ducha y reforma del baño». A continuación, pones tu imaginación a trabajar.

Lo primero que te viene a la cabeza es el tema económico. A fin de cuentas, este ha sido uno de los principales motivos por los que has postergado la reforma durante tanto tiempo. Así que vas a tu mapa mental y creas un nuevo nodo enlazado con el central al que llamas «Presupuesto»; en él, añades una rama en la que escribes: «¿Importe indemnización?». Para ti, significa que tendrás que investigar cuánto es el importe concreto que te pagará el seguro por los daños, ya que ahora solo cuentas con la estimación que te dio el vecino de arriba cuando ocurrió la inundación.

Al pensar en el seguro, te surge la idea de si ellos contarán con algún «manitas» para hacer la reforma, lo cual te facilitaría mucho las cosas. Vuelves a tu mapa mental, creas un nuevo nodo a partir del central, al que llamas «Profesionales/Proveedores», y añades una primera rama en él donde escribes: «¿Manitas del seguro?».

De todos modos, piensas que no te vendría mal investigar un poco más sobre el tema de los proveedores; por ejemplo, cómo encontrarlos si el seguro no te los facilita. Lo primero que se te ocurre es buscarlos en internet. Vuelves al nodo «Profesionales/Proveedores» y creas una nueva rama en él donde escribes: «Buscar en internet».

Al hacerlo, piensas que tal vez alguien de tu entorno conozca a gente que se dedique a este tipo de reformas y que no pierdes nada por preguntar. Así que vuelves una vez más al nodo «Profesionales/Proveedores», creas otra rama y escribes: «Preguntar a amigos, familiares y gente del barrio».

Pensando en proveedores, caes en la cuenta de que no tienes ni idea de cuánto tiempo puede durar una obra como esta ni de si quienes las realizan suelen estar disponibles de inmediato o, por el contrario, hay que contratarles con antelación. Como son dos aspectos muy relevantes para tu resultado, vuelves al mapa mental y creas un nodo enlazado con el nodo central, al que llamas «Plazos y tiempos». A continuación, añades dentro de él dos ramas independientes en las que escribes: «Disponibilidad proveedores» y «Duración obra».

Haces una breve pausa y miras tu mapa mental con una sonrisa; ver todos esos detalles sobre tu futura reforma allí reunidos te transmite tranquilidad y refuerza tu confianza en que el resultado será un éxito. Pero no nos despistemos, que aún falta mucha información, como la relacionada con la distribución del nuevo baño.

Tanto el mobiliario como el diseño actuales son de hace varias décadas, así que tienes claro que habrá que renovar ambos. Sin embargo, no tienes ni idea de interiorismo y tampoco estás al tanto de las últimas tendencias. Retomas tu mapa mental, creas un nuevo nodo que parte del central y lo llamas «Diseño»; luego añades una rama dentro de él y escribes: «Tendencias». Al hacerlo, piensas en dónde podrás encontrar información y recuerdas que hace un tiempo la gente subía cosas muy interesantes a la aplicación Pinterest.

Creas entonces una nueva rama que nace de la anterior y en ella escribes: «Pinterest».

También imaginas que deben existir catálogos y revistas especializadas en decoración de baños, así que añades otra rama dentro de «Tendencias» y pones: «Revistas y catálogos».

En cuanto al mobiliario que quieres renovar, supones que en estas revistas y catálogos encontrarás también muchas ideas interesantes. Creas entonces una nueva rama a partir de «Revistas y catálogos» y escribes en ella: «Muebles».

Pensar en muebles te hace recordar que siempre has soñado con tener un espejo y un lavamanos grandes en el baño. Añades, por tanto, otras dos nuevas ramas junto a la anterior —también dentro de «Revistas y catálogos»— y en ellas pones: «Espejo grande» y «Lavamanos grande», respectivamente.

De repente, te viene a la memoria una serie que viste hace poco y en la que aparecía un cuarto de baño inmenso y gozoso. Además de un lavamanos enorme y de un espejo que iba de pared a pared hasta el techo, tenía también un toallero eléctrico que en aquel momento te pareció una idea fantástica. Como aún te lo parece, vuelves al mapa mental y añades una cuarta rama junto a las tres anteriores, donde escribes: «Toallero eléctrico».

Te tomas otra breve pausa y contemplas con satisfacción el progreso de tu mapa mental. Repasas rápidamente su contenido y te das cuenta de que, aunque has avanzado bastante, aún faltan algunos detalles esenciales, como los que tienen que ver con el contenido específico de la obra que realizarás.

Tras reflexionar un momento, decides que una forma útil de agrupar esta información sobre la obra es por tipo de actividad. Regresas al mapa mental y creas cuatro nuevos nodos que parten del nodo central; los nombras: «Fontanería», «Electricidad», «Albañilería» y «Pintura».

«Empezaré por el primero», te dices, y vas al nodo «Fontanería» para añadir una rama a la que llamas «Cabezal de ducha con efecto lluvia» (sabes el nombre porque te encantó la primera vez que probaste uno en un viaje y lo buscaste en Google para averiguar cómo se llamaba). Mientras lo escribes, piensas que no tiene mucho sentido cambiar solo la ducha y conservar el resto de la grifería; lo lógico es renovarlo todo, así que añades una nueva rama junto a la anterior y escribes: «Grifería nueva».

Te quedas pensando un momento en el nuevo cabezal y llegas a la conclusión de que tampoco tiene mucho sentido colocarlo en la ducha actual. Algo así pide a gritos un plato de ducha mucho más grande y, de paso, cambiar la vieja mampara de plástico por una de cristal. Así que vas al nodo «Albañilería» y creas dos ramas en él donde escribes: «Plato de ducha grande» y «Mampara de cristal».

Imaginas cómo va a quedar el baño con la ducha nueva y piensas que, al cambiar el plato de ducha, es muy probable que se rompa algún azulejo, lo cual te parece una excusa fantástica para quitarlos todos y pintar en su lugar con una buena pintura antimoho. Regresas al nodo «Albañilería» y añades una rama en la que escribes: «Quitar azulejos»; luego vas al nodo «Pintura» y añades otra rama que dice: «Pintura antimoho».

Haces otra pausa y observas tu mapa mental una vez más, pensando que ahora ya casi lo tienes. «¿Qué más me falta?», te preguntas. Al fijarte en que el nodo «Electricidad» sigue vacío, recuerdas que querías poner un toallero eléctrico, lo cual requerirá al menos un enchufe adicional. «De hecho —piensas— esta es una ocasión ideal para añadir no solo unos cuantos enchufes más, sino también una buena iluminación en el espejo y varios puntos de luz adicionales de bajo consumo repartidos por todo el baño».

Regresas a tu mapa mental y vas al nodo «Electricidad», donde creas dos nuevas ramas con los nombres «Enchufes» e «Ilumina-ción». Luego, en «Enchufes», añades una rama adicional que dice «Toallero eléctrico». A continuación, vuelves a «Iluminación» y creas dos nuevas ramas en las que escribes: «Espejo» y «Bombillas bajo consumo».

Ya lo tienes. No, espera. Falta un último detalle. ¿De qué sirve la pintura antimoho si aquello no se ventila bien y sigue oliendo a baño-cueva? Dudas por un momento. «¿Esto será de albañilería o de electricidad?», te preguntas. Luego piensas que lo único impor-tante es que aparezca en el mapa mental; dónde colocarlo da un poco igual. Así que vuelves al nodo «Albañilería» y añades una última rama en la que escribes: «Extractor». Una sonrisa cruza tu cara de oreja a oreja. Te va a quedar un baño espectacular.

Paso 2: Prever desde el optimismo

Técnica del *pre-success* (recuerda que tus respuestas no están prepa-radas sino que te las inventas sobre la marcha).

Todo empezó hace unas semanas. Por fin habías terminado con la reforma y te apetecía mucho ver a tus amigos, a los que tenías un poco abandonados por culpa de las obras. Esa fue la razón que te llevó a organizar una pequeña fiesta en casa.

¿Quién iba a pensar que aquello daría lugar a la locura en la que se ha convertido? Tú, desde luego no; era inimaginable. ¿Cómo ibas a saber que la gente se volvería loca con tu nuevo baño y que subiría todo tipo de fotos, vídeos e incluso reportajes completos a sus redes sociales? Es verdad que el baño ha quedado muy bien, pero tampo-co crees que sea para tanto. En cualquier caso, parece que tu opi-nión es minoritaria, porque no paran de llamarte para entrevistarte y para invitarte a todo tipo de eventos relacionados con el mundo de la decoración.

De hecho, ahora estás a punto de empezar una de esas entrevistas, así que sacas a relucir tu mejor sonrisa y esperas con paciencia a que llegue la primera pregunta.

—Encantada de saludarte. Menuda has liado con el diseño de tu cuarto de baño. ¿Lo esperabas?

—Lo cierto es que no. ¿Cómo iba a esperar algo así?

—Ya, supongo… Pero bueno, dime: ¿cómo surgió la idea de hacer un cuarto de baño como este?

—En realidad, la idea surgió a partir de una «desgracia», por decirlo de algún modo. Una desgracia que aproveché y convertí en la oportunidad de tener el baño con el que siempre había soñado. También podía haberme limitado a arreglar el estropicio causado por la inundación, pero en su lugar quise ir más allá y construir un baño que me transmitiese buenas vibraciones. El que tenía antes me daba un poco de mal rollo, la verdad; todo tan oscuro, tan antiguo, con aquel olor a cerrado y con el desagüe de la ducha atascándose cada dos por tres. Además, unos amigos míos se construyeron una casa nueva el año pasado y, cada vez que iba a verles, me moría de envidia viendo su baño: todo iluminado, tan espacioso, tan bonito, tan ordenado, con olor a limpio… Así que me dije: «¡Voy a conseguir el baño de mis sueños!».

—Imagino que un resultado de este calibre no se consigue por casualidad y que contaste con ayuda para el diseño y la ejecución, ¿o lo hiciste todo tú en solitario?

—No, no. Nada de en solitario. Lo cierto es que tuve mucha suerte. Antonio, un albañil amigo de mis padres que está jubilado, se ofreció a ayudarme al enterarse de mi aventura. Y lo mejor es que esto ocurrió muy al comienzo, antes de que yo pudiera empezar a meter la pata. Poder hablar con Antonio y, sobre todo, escuchar sus consejos, me ayudó a tener claro desde el principio cuáles eran los aspectos críticos que no podía perder de vista y con los que había que estar encima para que se hiciera un trabajo de calidad. Y no fue solo eso, sino que también me echó una mano supervisando puntualmente los trabajos cuando yo me tenía que ausentar por cualquier motivo.

—¿Y no contaste con la ayuda de nadie más? ¿Solo con la de Antonio?

—Bueno, no, claro. Hubo más gente. Por ejemplo, hablar con los amigos que se habían hecho la casa el año pasado me resultó también muy útil porque me dio mucha información. Me pusieron al día en cuanto a las últimas tendencias en decoración, me orientaron sobre dónde conseguir los materiales a buen precio y me recomendaron pensar bien en la cantidad y en la distribución de los enchufes, para que luego no echara de menos ninguno. Sin duda, el mérito de haber conseguido un baño no solo bonito, sino también práctico y funcional, es en parte suyo.

—Supongo que, además de estas personas que te ayudaron, también te encontraste con gente empeñada en crear problemas, porque siempre la hay. ¿Quiénes fueron estas personas y, sobre todo, cómo lograste superar con éxito los obstáculos?

—Sí, sí, por supuesto. El vecino del rellano es un cotilla y bastante quisquilloso. En cuanto se enteró de que iba a hacer obra empezó a protestar: que si iba a haber mucho ruido, que si se iba a llenar todo de polvo, etc. Así que decidí intervenir antes de que aquello fuera a más y se convirtiera en un problema de verdad. Le invité a merendar un día y le enseñé con todo lujo de detalles el estropicio que había causado la inundación, y así satisfacer sus ansias de cotilleo. Creo que gracias a ello conseguí que empatizara conmigo, porque su actitud cambió de forma radical. También le pregunté cómo podíamos hacer para que la obra le perjudicara lo menos posible, y noté que agradecía mi buena disposición. Vamos, que la relación con él fue estupenda, hasta el punto de que incluso me ayudó en un par de ocasiones a resolver pequeños imprevistos que surgieron durante la obra.

—¡Qué bueno! Oye, y ya entrando en detalles más operativos, cuéntame un poco más sobre el transcurso de la obra. Por ejemplo, cuáles fueron los principales retos y momentos difíciles a los que tuviste que enfrentarte y, sobre todo, cómo los afrontaste y los resolviste para seguir avanzando con éxito.

—El primer gran reto al que tuve que enfrentarme fue el de encontrar unos buenos profesionales que además fueran capaces de hacer el trabajo en un tiempo razonable. Ten en cuenta que el baño estaba inutilizado por completo debido a la inundación, así que me corría bastante prisa solucionarlo. La verdad es que me costó mucho y estuve a punto de tirar la toalla y optar por hacer un apaño rápido que dejara el baño operativo de nuevo. Al final, la clave fue dedicarle el tiempo necesario a buscarlos y a pedirles referencias para poder ver sus obras terminadas. Un punto particularmente duro del proceso fue cuando parecía que iba a tener que renunciar a muchas de las mejoras que había previsto, ya que la distribución original del baño dejaba menos margen de maniobra del esperado. Le estuve dando mil vueltas hasta que se me ocurrió la idea de quitar el bidé. Gracias a ello ganamos el espacio suficiente para no tener que descartar nada de lo planeado.

—¿Y en qué momento tomaste conciencia de que aquello era ya imparable y nada podía evitar que lograras el baño de tus sueños?

—Recuerdo perfectamente ese momento porque se me quedó grabado en la memoria. Fue cuando vi el baño en su mínima expresión. Habían quitado todos los elementos antiguos: la bañera, el lavamanos, el bidé, el espejo, los azulejos, etc. Aún no había nada del mobiliario nuevo y, en realidad, estaba casi todo por hacer, pero al verlo así, sin nada, noté por primera vez aquella sensación de amplitud tan anhelada. Por un momento fue como estar en uno de esos anuncios de champú donde todo es frescor y salud. De hecho, esto me dio la idea de poner un par de plantas, y la verdad es que le dan al baño un aspecto magnífico.

—¡Fantástico! ¿Y qué otros «momentos ajá» como este recuerdas?

—Pues mira, muy poco después del que acabo de contarte, recordé que una de mis condiciones de contorno era que la distribución del baño tenía que ser espaciosa y que permitiera moverse con comodidad, así que debía tener cuidado y no sobrecargarlo porque me arriesgaba a perder la amplitud que acababa de conseguir. De hecho, aproveché que el baño había quedado despejado para estudiar *in situ* cuál era la mejor distribución posible para los diversos elementos. Me quería asegurar de que las actividades cotidianas como ducharse o lavarse las manos se pudieran realizar con la máxima comodidad, sin fricciones ni estrecheces. Para ello, lo que hice fue construir unas sencillas plantillas de cartón que representaban los elementos del mobiliario y que podía cambiar fácilmente de un sitio a otro de la habitación para probar distintas combinaciones y jugar con los espacios. Una ventaja adicional de esta idea es que había un par de elementos del mobiliario entre los que dudaba cuál elegir, así que construí las piezas para las distintas posibilidades y las fui probando para ver las que encajaban mejor; eso me ayudó mucho a decidirme.

—¡Qué gran idea! Y antes de llegar a este punto de no retorno, por llamarlo así, ¿hubo algún momento en el que te asaltaran serias dudas sobre si lo lograrías?

—Sí, sí, hubo varios momentos difíciles y en alguno de ellos llegué a dudar muy seriamente sobre la viabilidad de aquello en lo que me había embarcado.

—Y aun así lograste superar las crisis con éxito y seguir avanzando hasta lograr lo que querías. ¿Cómo lo conseguiste?

—El momento en el que tuve más dudas fue cuando comenzaron las obras. Me asaltaron muchas dudas sobre lo que quería. Tenía miedo de arrepentirme más adelante de mis decisiones. Y encima tenía que hablar y explicárselo todo a muchas personas. Todo el rato repitiendo lo mismo. Era agotador. Al albañil, al fontanero, a los proveedores de materiales… No podía dejar de decirme: «Con lo fácil que habría sido limitarte a arreglar los desperfectos, pero no, tenías que tomar el camino difícil y empantanarte con una renovación total del baño». La forma de superar aquella crisis fue simplificar el número de interlocutores. Busqué un proveedor capaz de darme un servicio llave en mano. Aunque me costó un poco más, él se encargó de gestionarlo todo y de coordinar todos los frentes. Fue un gran acierto, porque además de ser un profesional buen conocedor del tema, él era el único responsable ante mí de que el baño quedara como yo quería.

—Te estoy escuchando y cada vez entiendo mejor lo ocurrido. Está claro que un éxito como el que has conseguido con tu baño no surge por casualidad. ¡Parece que te lo has trabajado un montón!

—Muchas gracias. Lo cierto es que no fue para tanto. Simplemente, dediqué un poco de tiempo a pensar y decidir con calma, en lugar de hacer lo primero que me vino a la cabeza.

—¿Hay algún otro detalle relevante que quieras compartir conmigo?

—Pues sí, hay uno del que me alegro en particular porque estuve a punto de cometer un error garrafal y al final no solo no lo cometí sino que es una de las cosas que más satisfacción me producen del baño actual.

—¡Ah! ¿Sí? ¡Cuenta, cuenta!

—Verás, una de mis ideas iniciales era poner un extractor en el baño por aquello de evitar las humedades y los hongos. Sin embargo, tenía muchas dudas porque antes entraba una corriente muy molesta por el conducto de ventilación y me moría de frío al ducharme. El caso es que incluso llegué a pedirle al contratista que lo sellaran, y menos mal que, en vez de decirme que sí de primeras, me hizo ver que aquello era una pésima decisión. Además, me explicó que ahora hay extractores que son auténticas maravillas y que no solo te aseguran que no entrará frío, sino que son inteligentes —y supersilenciosos—, pues se activan solo cuando se alcanza un determinado nivel de humedad. En resumen, que le hice caso y la verdad es que me alegro un montón, porque ni entra frío ni hay corriente y además funciona fantástico, hasta tal punto que ni siquiera se empaña el espejo cuando me ducho.

—¡Qué barbaridad! A eso le llamo yo saber convertir un problema en una oportunidad.

—¡Muchas gracias!

—Oye, para ir terminando ya, me gustaría hacerte un par de preguntas adicionales. ¿Te importa?

—No, no, para nada. Dime.

—Imagino que exponerte a una aventura de este calibre te habrá dado la oportunidad de aprender un montón de cosas, ¿no?

—Sí, es verdad. A veces tengo la sensación de haber hecho un máster en decoración de baños, ja, ja, ja.

—Y teniendo en cuenta todos tus aprendizajes, ¿qué harías de manera diferente si tuvieras que conseguir de nuevo este mismo resultado? Dicho de otra forma, supón que puedes viajar atrás en el tiempo y volver a empezar con la reforma del baño desde el minuto cero, pero sabiendo todo lo que sabes ahora. ¿Qué harías distinto gracias a lo que has aprendido?

—Lo tengo claro. Habría trabajado con profesionales desde el principio. Por ejemplo, habría buscado una persona experta en diseño de interiores y, en concreto, en diseño y decoración de baños, para que me orientara con mis primeras decisiones. También habría buscado a alguien para que coordinara la obra desde el primer momento. Visto desde fuera, reformar un baño parece simple, pero no lo es. La ventaja de contar con el apoyo de profesionales es que tienen mucha experiencia y se conocen todos los entresijos de una reforma.

—¡Genial! Y ahora sí, una última pregunta para terminar: ¿qué tres claves me darías si yo quisiera reformar mi cuarto de baño mañana y que el resultado fuera tan fabuloso como el tuyo?

—En vez de tres claves te daría un consejo: no lo reformes, ja, ja, ja. Bromas aparte, la primera clave es invertir el tiempo necesario, sin prisas, en investigar soluciones y materiales y en buscar profesionales solventes y de confianza. La segunda clave es asumir desde el principio que en toda obra surgen siempre imprevistos, algunos problemáticos, así que hay que tomárselo con deportividad. La tercera clave es mantener siempre una actitud flexible y abierta. Una idea mejor que las que ya tienes puede surgir en cualquier momento y, si aún no es tarde para aplicarla, me parece absurdo perderla solo porque no estaba en el plan inicial.

—Muchas gracias. En serio, has conseguido que me entren unas ganas locas de reformar mi baño, ja, ja, ja.

Paso 3: Prever desde el pesimismo

Técnica del *pre-disaster* (recuerda que tus respuestas no están preparadas, sino que te las inventas sobre la marcha).

Por fin has terminado con la maldita reforma y necesitas con urgencia olvidarte de ella y dejarla atrás para siempre. Pero no, parece que no vas a tener suerte y que el destino tiene otros planes guardados para ti. El desastre en el que lograste convertir la —en principio sencilla— reforma del baño sigue trayendo cola muchas semanas después de terminarla. Todo el mundo se ha enterado: tu familia, tus amigos, tus compañeros del trabajo, todos. Y todo el mundo quiere cotillear, saber más, entender qué ocurrió para que aquello terminara tan rematadamente mal. Si lo piensas, es lógico. A algunas de estas personas incluso les debes dinero por culpa de lo ocurrido, así que es normal que quieran hacerte preguntas. De todos modos, ¡mira que es morbosa la gente a veces!

Justo ahora acaba de llegar una de estas personas que te prestó dinero. Es tu mejor amiga, que también quería reformar su baño y estaba esperando a que terminaras la del tuyo para que la aconsejaras. Ahora, como es lógico, se lo está pensando. Y lo entiendes. Tiene miedo a que le ocurra lo mismo que a ti y ha venido a enterarse bien de qué pasó. ¡Qué le vas a hacer! Lo menos que le debes, aparte del dinero, es una explicación, así que te armas de valor y de paciencia y esperas a que empiece el interrogatorio.

—¡Hola! ¿Qué tal lo llevas? ¿Te has recuperado ya un poco o sigues mal?

—Bueno, para qué voy a engañarte, bien no estoy. Una catástrofe como esta no se supera así como así.

—Ya, ya me imagino. Oye, en serio, si no te apetece hablar del tema, dímelo y esperamos a que estés mejor. La reforma de mi baño puede esperar, no es como en tu caso, que lo tenías inutilizado por la inundación.

—No te preocupes, estoy bien. Además, hablar me ayuda a entender mejor todo lo que pasó y también a aceptarlo y superarlo, así que adelante con tus preguntas.

—De acuerdo, pues vamos allá entonces. Disculpa si la pregunta es un poco directa, pero así, en pocas palabras, ¿qué hiciste para que saliera todo tan mal?

—No, si tienes razón, lo hice todo fatal. De entrada, empecé mal con el tema económico, y por partida doble. Primero, porque la estimación de gastos que hice fue una chapuza. En lugar de hacer un análisis medianamente serio y riguroso, me inventé un poco las cifras a partir de cuatro tonterías que había leído por ahí. Además, me centré solo en las cifras grandes y pasé por alto muchos gastos que, aunque por separado eran pequeños, juntos sumaban una cifra considerable. Y lo peor es que los pasé por alto porque ni siquiera sabía que los iba a tener, ya que no dediqué apenas tiempo a pensar en la obra, la verdad. Y segundo, no conté con que surgieran imprevistos. Como no tenía experiencia previa con reformas, supuse que se cumpliría lo presupuestado, así que no me preocupé por nada más. Pero, claro, a lo largo de la obra decidimos varios cambios sobre lo que habíamos planeado inicialmente y a mí no se me ocurrió preguntar cómo afectaban al presupuesto inicial. En su lugar, imaginé que serían más o menos las mismas cantidades. El caso es que, al final, tuve que pedir un préstamo rápido con un interés de locura, y la situación no fue aún peor gracias a que un par de amigos, como tú, por ejemplo, me prestasteis algo de dinero. No sabes cuánto te lo agradezco.

—Para eso están los amigos, ya lo sabes. Tú habrías hecho lo mismo por mí. Pero sigamos, ¿qué más errores cometiste aparte de los económicos?

—Pues, mira, quería un espejo inmenso, que fuera de pared a pared y hasta el techo, pero no caí en la cuenta de que no cabría en el ascensor ni por la escalera, así que cuando llegaron con el espejo se lo tuvieron que volver a llevar, eso sí, cobrándome los portes. Además, me tocó alquilar una grúa, que tuve que pagar aparte, para que fuera a recoger el espejo, traerlo y luego subirlo a casa por el balcón. ¿Ves? Este es un ejemplo de los muchos gastos imprevistos que surgieron.

—¡Qué faena! Pero sigue, sigue, ¿qué más crees que hiciste mal?

—Pues empecé la obra un poco a lo loco, sin pedir ningún permiso de obra y sin avisar a los vecinos. Y, claro, el vecino del rellano, que es bastante quisquilloso, me denunció al ayuntamiento y me impusieron una sanción de tres mil euros.

—¡Uf! ¡Eso duele!

—Ya te digo. Y no te puedes imaginar el tiempo que perdí con las inspecciones y los papeleos. ¡Con lo fácil que habría sido pedir un permiso de obras menores antes de empezar!

—Está bien saberlo. Tomo nota. Oye, ¿y qué más errores has identificado?

—La verdad es que la lista es casi interminable, ja, ja, ja. Mira, por ejemplo, otra cosa que hice fatal fue meterme en la obra cuando más trabajo teníamos en la oficina. El coordinador de la obra no paraba de telefonearme a todas horas para preguntar un montón de cosas, tanto que mi jefa me llamó la atención y me dijo que no podía estar todo el tiempo atendiendo llamadas personales en mi jornada laboral. Lo entiendo, aunque fue una faena porque luego, cuando llegaba a casa, este hombre ya se había ido y yo me encontraba con que la mitad de las cosas no estaban como yo las quería o, incluso peor, estaban mal o sin rematar. El caso es que, al final, me tocaba echar el sábado revisando con él todos los desastres de la semana.

—La verdad es que te luciste, porque ya no queda mucho más que pudieras hacer mal, ¿o sí?

—Quita, quita, que todavía quedan unas cuantas por contar. Mira, por ejemplo, se me ocurrió la feliz idea de poner un toallero eléctrico, pero no caí en la cuenta de que la instalación eléctrica de mi piso era muy antigua ni de que el toallero la pondría al límite de la potencia que tenía contratada, así que cada vez que lo conectaba y había algún otro aparato eléctrico grande funcionando en casa, saltaba el diferencial. Por ejemplo, no podía ducharme si estaba funcionando la lavadora o si estaba preparando algo en el microondas. En una ocasión, incluso se puso a arder un enchufe y menos mal que me di cuenta a tiempo y pude evitar que se quemara todo el piso.

—Ja, ja, ja. Perdona que me ría, pero es que me está empezando a sonar todo esto a chiste. Vamos, ni que lo hubieras hecho a propósito. ¿Te queda algo más por contar?

—Sí, sí, todavía queda. Mi idea inicial era poner un extractor, pero como antes entraba mucha corriente y me moría de frío, al final cambié de opinión y no solo eso, sino que me empeñé en que sellaran a conciencia el conducto de ventilación para que no quedara ni una rendija. ¡Y mira que el contratista me dijo mil veces que me arrepentiría de hacerlo! El problema es que ahora, con tanto vapor y con la humedad, se ha llenado todo el baño de moho; y eso que acabo de terminar la reforma como quien dice. ¿No notas el olor a rancio en todo el piso?

—Pues sí, ahora que lo dices, un poco sí.

—Además, por culpa de la humedad, me juego la vida cada vez que me ducho, porque está todo superresbaladizo. Ya me he caído varias veces y no gano para moratones. Porque además de cargarme la ventilación, no caí en la cuenta de pedir que el suelo fuera antideslizante ni en decirles que pusieran la ducha a nivel del suelo y, menos aún, en que colocaran alguna sujeción en la pared para poder agarrarme. Prefiero no pensar en lo que puede ocurrir si un día me rompo un hueso y me toca ducharme con la escayola…

—Ja, ja, ja. Perdona, perdona. Sé que todo esto que me cuentas es una faena para ti, pero no puedo evitarlo.

—No, si lo entiendo. Yo también me reiría si no me estuviera ocurriendo a mí. Mira, otra cosa de la que acabo de acordarme es que, durante la obra, la cantidad de polvo fue tal que, todavía hoy, varios meses después, me sigo encontrando polvo en algún rincón. ¡Nunca pude imaginar que el polvo pudiera llegar tan lejos del baño!

—Bueno, voy a dejar de torturarte. Menos mal que veo que lo estás llevando con deportividad. Yo, desde luego, he tomado buena nota de lo que me has contado para no repetir los mismos errores. ¡Muchas gracias por compartir tu experiencia y ya me irás devolviendo el dinero poco a poco cuando puedas!

—Sí, sí, en un par de meses termino de pagar el préstamo ese que contraté y te pagaré todo lo que te debo. Muchas gracias a ti por estar ahí para ayudarme.

11

Fase 3 – Concreción

Paso 1: Consolidar

Tienes ante ti un montón de notas que has ido aparcando mientras hacías el *pre-success* y el *pre-disaster*, junto con el mapa mental que construiste al inicio de la fase de previsión. No puedes evitar sentir algo de agobio al ver tanta información amontonada, pero también te motiva a poner un poco de orden y hacer limpieza, ya que muchas de esas notas han cumplido su misión y ahora no son necesarias.

La gran pregunta que te planteas es: «¿Por dónde empiezo?». Echas un vistazo rápido al montón de notas en tu aparcamiento y luego detienes la mirada en el mapa mental. Lo piensas un momento y te das cuenta de que es ideal tanto como punto de partida como para consolidar la información. Decidido: tu punto de partida será el mapa mental.

Comienzas a revisarlo y lo primero que te llama la atención es el texto que escribiste en su nodo central: «Reparación ducha y reforma baño». El motivo es que te acabas de percatar de que el tema de la reparación de la ducha no se menciona en ningún otro sitio del mapa. Como es uno de los propósitos de tu resultado, quieres asegurarte de que se cumpla, por lo que vas al nodo «Profesionales/

Proveedores» y añades una rama en él en la que escribes: «Explicarles los problemas con el atasco de la ducha».

Observas que junto a lo que acabas de escribir hay otra rama en la que pone: «¿Manitas del seguro?». Recuerdas que esta opción la descartaste mentalmente mientras hacías el *pre-success*, cuando se te ocurrió que lo ideal era contratar un proveedor capaz de darte un servicio llave en mano (para simplificar el número de interlocutores). De todos modos, piensas que hablar con el seguro puede seguir siendo una buena idea, porque tal vez ellos ofrezcan lo que necesitas. Por consiguiente, vas al mapa mental, tachas la palabra «Manitas» y reescribes la anotación original de modo que ahora dice: «¿Proveedor llave en mano del seguro?».

Continuando con lo que has pensado en el *pre-success* y el *pre-disaster*, vas al nodo en el que pone «Profesionales/Proveedores» y reemplazas el texto por: «Empresa de reformas llave en mano con buenas referencias y amplia experiencia en diseño de interiores».

Mientras escribes, observas que junto al nodo en el que estás hay otro en el que pone «Preguntar a amigos, familiares y gente del barrio», y eso te hace caer en la cuenta de que durante el *pre-success* también mencionaste a Antonio, el albañil jubilado amigo de tus padres, así que añades una rama en la que pones: «Comentar reforma del baño a Antonio para consejos y opinión». Asimismo, recuerdas que unos amigos tuyos se construyeron la casa el año pasado, así que añades una nueva rama junto a la anterior en la que pones: «Pedir a Luis y a Elena que me pongan al día en cuanto a tendencias en baños y que me pasen el contacto de algún buen proveedor».

Te detienes un instante para echar un vistazo a cómo vas y te sientes bien con lo que ves. Repasas las notas que aún quedan y encuentras una que tomaste durante el *pre-disaster* en la que pone «Licencia obras menores». Vuelves al mapa mental, al nodo en el que escribiste lo de la empresa de reformas llave en mano, y creas una nueva rama a partir de ella en la que escribes: «Asegurar que pedirán licencia de obras menores».

«¿Qué más?», te preguntas. «¡Ah!, sí, el dinero». Tanto el *pre-success* como el *pre-disaster* te dejaron claro que es fundamental determinar el importe concreto de la indemnización que recibirás, así como la cuantía exacta de tus ahorros. Ahora eres consciente de que, por mucho que preveas, siempre puede surgir alguna sorpresa y lo último que quieres es tener que andar pidiendo préstamos o dinero a tus amigos. Regresas al mapa mental y creas una nueva rama junto a la que pone «¿Importe indemnización?» y escribes en ella: «¿Cuantía ahorros?».

«Estupendo. Una cosa menos», piensas. El siguiente punto en el que se detiene tu mirada es el nodo en el que pone «Plazos y tiempos»; allí hay dos ramas: «Disponibilidad proveedores» y «Duración obra». Verificas que no ha cambiado nada desde que las creaste, así que la cosa se queda igual. Ya te encargarás de ambos temas cuando llegue el momento. Sin embargo, este nodo no pinta nada allí suelto porque ambas informaciones dependerán del proveedor que elijas. Por consiguiente, lo mueves dentro del nodo «Empresa de reformas llave en mano con buenas referencias y amplia experiencia en diseño de interiores», convirtiéndolo en una rama más de aquel.

A continuación, vas a la rama «Tendencias» —dentro del nodo «Diseño»— y repasas las demás ramas que salen de allí. Compruebas que tampoco hay cambios en «Pinterest» y «Revistas y catálogos»; ya abrirás una cuenta en la primera e investigarás sobre lo segundo cuando toque. Donde sí hay cambios es en varias de las ramas que salen de «Revistas y catálogos», así que te dispones a reflejarlos en tu mapa.

Lo primero que haces es ir a la rama «Espejo grande» y añadir otra nueva a partir de ella en la que escribes: «¡Ojo con las medidas!».

Después compruebas que no hay cambios relacionados con «Lavamanos grande» ni con «Muebles». Sin embargo «Toallero eléctrico» sí cambia. Gracias al *pre-disaster* has cambiado tu idea inicial y en vez de un toallero eléctrico has decidido poner un radiador toallero de agua, con el que no solo calentarás las toallas sino todo el cuarto de baño, ¡y sin riesgo de que salte el diferencial!

Como este nuevo toallero no es eléctrico, la anotación en «Electricidad» ya no pinta nada, así que la tachas, vas al nodo «Fontanería», añades una nueva rama y escribes: «Radiador toallero». Aprovechando que estás en este otro nodo, echas un vistazo a tus notas por si hay que cambiar algo más. Al hacerlo, compruebas que las ideas originales sobre poner un cabezal de ducha con efecto lluvia y una grifería nueva siguen adelante, así que de momento no tocas nada de esta parte. Ya cruzarás ese puente cuando llegues a ese río (¡así nos gusta, que practiques la planificación adaptativa!).

Regresas al nodo «Diseño» porque recuerdas que todavía tienes algunas notas aparcadas pendientes de incorporar allí. Revisas tu aparcamiento y encuentras un par de anotaciones relacionadas con el tema. En una de ellas pone «Plantas», lo cual te hace recordar la idea que se te ocurrió durante el *pre-success*. Creas una nueva rama en «Diseño» y escribes: «Poner un par de plantas». La otra nota dice «Plantillas», otra genial idea que tuviste durante el *pre-success*. Añades una rama junto a la anterior en la que escribes: «Plantillas de cartón para simular posibles distribuciones». ¡Perfecto! Otro nodo terminado. A por el siguiente.

Ahora le llega el turno a «Electricidad». Aparte de haber descartado el toallero eléctrico, no esperas que aquí haya muchos más cambios. Verificas que tanto la iluminación del espejo como las luminarias de bajo consumo se quedan como estaban. Ya les llegará su momento. Sin embargo, echas en falta los enchufes que salieron a relucir durante el ejercicio de *pre-success*, por lo que creas una nueva rama a partir de «Enchufes» en la que escribes: «Enchufes suficientes y bien distribuidos».

«Ya debe estar casi todo», piensas. Echas un vistazo a tu aparcamiento y ves que quedan muy pocas notas en él. Tomas una de ellas en la que anotaste: «Bidé». Regresas a tu mapa mental, en concreto al nodo «Albañilería», creas una nueva rama y pones en ella: «Quitar el bidé». Aprovechas para revisar el resto de las ramas que hay en «Albañilería». Compruebas que el plato de ducha grande, la mampara de cristal, quitar los azulejos y pintar con pintura antimoho siguen adelante sin cambios. Ya tendrás oportunidad de profundizar y concretar sobre todo ello más adelante, cuando el proyecto arranque.

Tomas otra de las notas del aparcamiento que dice: «¡Ojo caídas!». Al leerla, recuerdas que se te ocurrieron varias ideas al respecto durante el *pre-disaster*. Vas de nuevo al nodo «Albañilería», a la rama «Plato de ducha grande», y añades una rama dentro de esta última en la que escribes: «Con suelo antideslizante». A continuación, creas otra rama, paralela a la anterior, y pones en ella: «A nivel del suelo». Para terminar, añades una tercera rama, en paralelo con las otras dos recién creadas, y anotas: «Poner asideros».

La siguiente nota en tu aparcamiento dice: «Extractor inteligente con antirretorno». La tomaste a la vez que las anteriores referentes a la ducha y también va en el nodo «Albañilería», así que vuelves a él, localizas donde pone «Extractor» y lo sustituyes por «Extractor de baño inteligente (¡y con antirretorno!)».

Compruebas con alivio que ya solo quedan dos notas más. En la primera de ellas escribiste: «Jefa»; y en la segunda: «Vecino». Vuelves a tu mapa mental y creas un nuevo nodo a partir del nodo central; lo llamas «Gente a la que avisar». En él creas dos ramas en paralelo; en la primera escribes: «Avisar a mi jefa de que tendré unos días movidos»; en la segunda anotas: «Invitar a merendar al vecino del rellano».

Ya solo queda una nota más. En ella pone: «Plásticos polvo». Otra buena idea que surgió gracias al *pre-disaster*. Te diriges por última vez al nodo «Empresa de reformas llave en mano con buenas referencias y amplia experiencia en diseño de interiores». Creas una rama a partir de él y escribes en ella: «Asegurar que forran a conciencia todo el piso con plásticos para que no se me llene de polvo». Ahora sí: lo tienes.

Pasos 2 y 3: Integrar y Organizar

Antes de nada, vas a la lista «Resultados» de tu mente extendida y en ella escribes el resultado que definiste en la fase de diseño: «He resuelto los atascos de la ducha y estoy disfrutando de un cuarto de baño a mi gusto».

A continuación, contemplas el mapa mental recién actualizado, y lo que ves te llena de satisfacción. Parece mentira cuánto ha cambiado aquello desde la primera versión. Y en su mayor parte ha sido gracias al *pre-success* y al *pre-disaster*. No te queda duda: prever funciona.

Visto así ahora, en panorámica, parece bastante sencillo. Dado que es tu primera vez con la TARO3®, prefieres ir paso a paso y decides comenzar identificando los principales hitos o resultados intermedios.

Tienes claro que uno de ellos es elegir al proveedor y que otro es hacer el diseño del nuevo baño, pero te surge la duda de si elegir los materiales forma parte de este último o es también un resultado en sí mismo. Después de pensarlo un poco, decides que, al menos en esta ocasión, los considerarás como dos hitos distintos, ya que en realidad nada te impide empezar a elegir los materiales con independencia del diseño final.

Por tanto, vuelves a tu resultado principal en la lista «Resultados» y creas dentro de él tres subapartados en los que escribes, respectivamente: «He elegido una empresa de reformas "llave en mano" con buenas referencias y amplia experiencia en el diseño de interiores», «He completado el diseño de mi nuevo baño» y «He elegido los materiales para mi nuevo baño».

Fantástico. Revisas tu mapa mental y compruebas que hay varias actividades relacionadas con estos tres resultados, así que te dispones a incorporar a tu mente extendida los recordatorios correspondientes, empezando por los del primero de ellos.

Vas a tu lista situacional® «Cuando hable con mi padre» y anotas un recordatorio que dice: «Pedirle el teléfono de Antonio, el albañil». Después vas a la lista situacional® «En algún descanso» y escribes: «Poner un wasap a Elena para quedar un día con ellos y que me pasen el contacto de algún buen proveedor y me pongan al día en cuanto a tendencias en baños». A continuación, vas a tu lista situacional® «En algún descanso» y anotas: «Llamar al seguro para preguntarles si ellos disponen de proveedores de reformas que ofrezcan servicio "llave en mano"». Finalmente, vas a la lista situacional® «Con la energía baja o ganas de procrastinar», y pones: «Buscar en internet empresas de reformas y aparcar al menos un par de ellas».

Con esto has terminado por ahora con las actividades del primer resultado, así que vas a por las del segundo.

Vuelves a la lista situacional® «Con la energía baja o ganas de procrastinar» y anotas dos recordatorios de actividad: «Abrir una cuenta en Pinterest» y «Buscar en internet revistas y catálogos de decoración que incluyan baños y aparcar las que me gusten». Genial. Por el momento no hay más actividades para este resultado.

Finalmente, vas a tu lista situacional® «En algún descanso» y anotas «Buscar en internet últimas tendencias sobre materiales para baños».

«¿Qué más tenemos por aquí?», te preguntas. Solo quedan un par de resultados más: informar a las personas involucradas y saber con exactitud el presupuesto total del que dispones. Sin embargo, en estos dos casos no tiene sentido añadir recordatorios a tu lista «Resultados», ya que en ambos conseguirás el resultado cuando completes las actividades relacionadas. Lo que sí haces, por tanto, es añadir los recordatorios de estas actividades.

En relación con el primero de ellos, vas a tu lista situacional® «Cuando hable con mi jefa» y añades el recordatorio: «Comentarle que tendré unos días movidos porque voy a reformar el baño y decirle que le confirmaré las fechas en cuanto las sepa». Luego vas a tu lista situacional® «Algún sábado por la mañana» y anotas: «Invitar a merendar al vecino del rellano».

En cuanto al segundo recordatorio, vuelves a tu lista situacional® «En algún descanso» y modificas el recordatorio sobre llamar al seguro, de modo que diga: «Llamar al seguro para preguntarles si ellos disponen de proveedores de reformas que ofrezcan servicio "llave en mano" y también para que me confirmen el importe de la indemnización».

La otra actividad es «Entrar en la cuenta de ahorro para ver el saldo», pero como puedes hacerla ahora mismo, en un instante, entras en la app del banco, consultas el dinero que tienes ahorrado y aparcas la cifra en uno de tus aparcamientos (ya pensarás y decidirás sobre ella más adelante, puesto que la buena práctica ahora es continuar con lo que estabas haciendo: Integrar y Organizar).

Echas otro vistazo al mapa mental para asegurarte y confirmas que todo lo que queda es «material», así que vas a tu mente extendida y añades, en la sección con este mismo nombre, una lista *ad hoc* (más adelante, en el capítulo «Listas de apoyo a la ejecución», profundizaremos sobre ellas) a la que llamas: «Temas sobre la reforma del baño para tener en cuenta más adelante». Dentro de ella incluyes varias listas *ad hoc* adicionales en las que vuelcas el resto de la información que aún te queda en el mapa mental.

El aspecto final de la información que has añadido a «material» es el siguiente:

- «Cuando haya elegido al proveedor»:

  - Preguntarle cuánto puede durar la obra (más o menos) y cuándo estará disponible para empezarla.
  - Confirmar con él que pedirán una licencia de obras menores.
  - Pedirle que forren a conciencia todo el piso para que no se llene de polvo.
  - Comentar con él la «Lista de elementos incluidos en la reforma».
  - Explicarle los problemas con el atasco de la ducha.

- «Cuando hayan quitado todo el mobiliario antiguo del baño»:

  - Construir plantillas de cartón para simular distintas distribuciones de los nuevos muebles y ver cuál me gusta más (incluyendo un par de plantas).

- «Cuando hayan terminado la reforma»:

  - Comprar un par de plantas para el baño.

- «Lista de elementos incluidos en la reforma»:

  - Cabezal de ducha con efecto lluvia.
  - Grifería nueva.

- ○ Radiador toallero de agua.
- ○ Extractor de baño inteligente y con antirretorno.
- ○ Bidé.
- ○ Plato de ducha grande, a nivel de suelo, antideslizante y con asideros.
- ○ Mampara de cristal.
- ○ Azulejos.
- ○ Enchufes suficientes y bien distribuidos.
- ○ Espejo grande (¡Ojo con las medidas!).
- ○ Luminarias de bajo consumo.

Al echar un último vistazo para asegurarte de que no falte nada, detectas otra actividad que podrías hacer y que se te había pasado por alto, así que vas a tu lista situacional® «Algún sábado por la mañana» y en ella anotas: «Tomar las medidas del ascensor y de la escalera para cuando compre el espejo». Plan terminado. Ahora llega el momento de la verdad: ejecutarlo.

SEGUNDA PARTE

Buenas prácticas sencillas para ejecutar con elegancia

El bienestar no es algo que se encuentra al final del camino, sino el resultado de avanzar con claridad en cada paso.

RALPH WALDO EMERSON

La Matriz de Enfoque
para el Bienestar

Como adelantábamos en la introducción, Peter Drucker afirmaba que «La estrategia es una *commodity*, la ejecución es un arte». No podíamos, por tanto, escribir un libro sobre cómo planificar tu éxito sin prestar la atención adecuada a lo que consideramos su aspecto clave: la ejecución. Más aún sabiendo que la ejecución es la que marca casi siempre la diferencia entre un resultado mediocre —o incluso fallido— y otro excepcional.

Las buenas prácticas que compartiremos a continuación no solo son fáciles de entender y aplicar para cualquiera, sino también independientes del sistema de organización empleado. Aclarado esto, es innegable que alcanzarán su máximo rendimiento cuando se apliquen en conjunción con lo que, para nosotros, es la herramienta de organización por excelencia: una mente extendida.

A fin de no resultar repetitivos para quienes hayan leído *Recupera tu vida con una mente extendida*, asumiremos para esta parte del libro que ya se cuenta con una mente extendida y que, además, se utiliza de forma habitual. Con ello evitaremos tener que explicar de nuevo en detalle conceptos que ya se trataron con la profundidad necesaria en el primer libro.

De todos modos, hemos añadido al final de esta parte un capítulo específico a modo de resumen para aquellas personas que aún no hayan leído el libro anterior, o que lo hayan hecho pero no estén aplicando el método. En dicho capítulo explicamos cómo aplicar las buenas prácticas en ausencia de una mente extendida, de modo que se puedan seguir aprovechando casi en toda su amplitud.

Por otra parte, y con independencia de si dispones o no de una mente extendida, es posible que necesites realizar dos cambios sencillos, aunque profundos, en tu habitual manera de pensar, antes de poder exprimir al máximo el enorme potencial de las buenas prácticas que compartiremos contigo. Uno de estos cambios tiene que ver con la forma de percibir la realidad y el otro, con el modo de interactuar con ella. Veámoslos por separado:

1. Cambiar la forma de percibir la realidad suele ser necesario porque la mayoría de las personas tienden a abordar su relación con ella desde una perspectiva demasiado simplificada, en la que todo se reduce a un único tipo de interacción: completar tareas.

Este enfoque representa un problema muy serio para la mejora de la efectividad, ya que el concepto «tarea» no permite abarcar ni la complejidad ni los matices de la realidad en la que nos ha tocado vivir. Y por si esto no fuera suficiente, pensar en términos de «tareas» fomenta la procrastinación.

La razón por la que esto sucede es que el concepto «tarea» se refiere de manera indistinta tanto a los resultados que deseas alcanzar como a las actividades concretas, físicas y visibles que tendrás que realizar para lograrlos (y, en ocasiones, incluso a objetos sobre los que ni siquiera has pensado o decidido aún). Debido a esta amalgama de significados, el uso del concepto «tarea» limita la capacidad para percibir la realidad con nitidez y poderla describir con rigor, ya que obliga a utilizar la misma palabra para referirnos a una variedad de elementos que son sustancialmente distintos entre sí. Vamos a verlo con un ejemplo.

Imagina que en una lista de tareas aparece una anotación como la siguiente: «Preparar el viaje a USA». Esta «tarea» admite diversas interpretaciones. Por ejemplo, para alguien que tiene familiares o conocidos en USA, podría significar tan solo: «Comprar los billetes para ir a USA». Sin embargo, para otra persona que esté organizando unas vacaciones con varias paradas en el país, podría significar: «Completar todos los preparativos para las vacaciones en USA». Y para una tercera persona puede significar: «Aplicar la TARO3® para planificar el viaje a USA».

Como puedes ver, en el primer ejemplo lo que tenemos es una actividad (algo que se hará), mientras que lo que aparece en el segundo ejemplo es un resultado (algo que se conseguirá una vez se hayan completado una serie de actividades) y en el tercero es un objeto (algo sobre lo que todavía es necesario pensar, decidir y organizarse).

Cuando mezclas en una misma lista elementos sobre los que ya puedes actuar sin necesidad de pensar ni decidir (actividades), con otros que no puedes abordar directamente (resultados u objetos), la reacción natural de nuestro cerebro es impulsarte a procrastinar todo lo relacionado con estos últimos (todo lo que no se puede hacer sin pensar). Como recordarás, todo ello está en línea con lo que comentábamos al principio del libro: la falta de claridad incita a procrastinar.

El problema de los resultados es que su misión es aportar claridad sobre qué quieres conseguir, pero no te dicen nada sobre cómo conseguirlos; por la sencilla razón de que no tienen por qué hacerlo. La manera de solucionar este problema de falta de claridad es sencilla: transformar los resultados en actividades. Sin embargo, difícilmente ocurrirá esto mientras tu mente solo sea capaz de pensar en términos de «tareas».

Por eso, para poder interactuar con la vida de manera efectiva, antes tendrás que abandonar esta forma obsoleta de percibir la realidad; necesitarás empezar a pensar en ella en términos de actividades y resultados (y objetos). En otras palabras, para progresar en efectividad personal tendrás que olvidarte de las «tareas».

Adoptar la nueva perspectiva que te proponemos no solo te permitirá gestionar mejor tu trabajo, sino que también te acercará con mayor rapidez y menor esfuerzo al bienestar que deseas. Porque al separar con claridad lo que tiene un significado especial para ti aún por concretar (objeto) de lo que quieres lograr (resultado) y de lo que necesitas hacer para lograrlo (actividad), te situarás en una posición de poder y control sobre tu vida radicalmente distinta de la actual.

Una posición desde la que descubrirás que, en el fondo, la efectividad no tiene nada que ver con completar un número mayor o menor de «tareas», sino con avanzar hacia los resultados que de verdad te importan, con claridad de ideas, paso firme y un propósito definido.

2. Llegamos así al segundo de los cambios necesarios, porque percibir la vida en términos de objetos, actividades y resultados es una condición necesaria pero no suficiente para interaccionar con ella de forma efectiva; el modo en que reaccionas ante lo que percibes es también determinante para tu bienestar.

Imagina despertar cada día con una sensación de frustración latente, con un vago malestar tenue y difuso que, en cierto modo, sientes que va unido a ti, como si te persiguiera, y cuyo origen no sabrías precisar. Sabemos que esta situación es por desgracia conocida para muchas personas.

Su origen reside en que, en nuestro día a día, a menudo caemos en la trampa de prestar más atención de la debida a aspectos de nuestra vida que no podemos cambiar. Al hacer esto, no solo malgastamos nuestra atención y nuestro esfuerzo, sino que también estamos ignorando todo aquello que está bajo nuestro control y que podría transformar nuestro bienestar de forma radical si le dedicáramos la atención adecuada. El gran drama que conlleva el enfoque mal dirigido es que no solo genera insatisfacción, sino que además impide avanzar hacia lo que de verdad importa: nuestro bienestar.

Conscientes de este problema, hemos desarrollado una herramienta específica con la que podrás solucionarlo. Estamos hablando de la Matriz de Enfoque para el Bienestar (MEB), uno de los recursos más formidables del método OPTIMA3®.

Esta sencilla matriz te permitirá enfocar de manera estratégica tu atención y esfuerzo para optimizar tu bienestar y te servirá como guía para gestionar mejor tu vida en el día a día. La MEB no es solo una herramienta; es un mapa hacia el bienestar pleno, una brújula que te permitirá orientar tu energía hacia lo que realmente aporta a tu felicidad. Con ella, distinguirás en todo momento los aspectos de tu vida que puedes cambiar y los que no, contando además con un recurso poderoso —los resultados— para ajustar y mantener el rumbo en la dirección que desees.

Como su nombre indica, la MEB es una sencilla matriz de 2 × 2 que categoriza los aspectos de tu vida en función de dos criterios fundamentales: si contribuyen a tu bienestar o si lo disminuyen, y si están bajo tu control o no. De este modo, siempre dispondrás de una visión clara y estructurada sobre cómo actuar en cada momento y circunstancia. Aquí tienes las cuatro combinaciones posibles:

Contribuye a tu bienestar y lo puedes cambiar:	Contribuye a tu bienestar, pero no lo puedes cambiar:
Maximízalo.	**Disfrútalo.**
Dedica más tiempo, esfuerzo y recursos a expandir y fortalecer este aspecto. Cuando se dan estas circunstancias, los resultados pueden ser aún más transformadores y generar un enorme impacto positivo en tu vida.	Evita la tentación de intentar mejorarlo o ampliarlo, ya que eso solo te llevará a la insatisfacción. En su lugar, acéptalo tal y como es y valóralo por lo que representa.

Merma tu bienestar y lo puedes cambiar:	Merma tu bienestar, pero no lo puedes cambiar:
Cámbialo.	**Acéptalo.**
Estas situaciones representan una oportunidad excelente para lograr mejoras significativas en tu vida. Identifica y define los resultados que deseas alcanzar y, a continuación, actúa con perseverancia hasta lograrlos.	Reconocer lo que no puedes cambiar, superarlo y dejarlo atrás te liberará de la frustración y te devolverá la paz mental, permitiéndote centrar toda tu atención en lo que sí está bajo tu control.

Recuerda: el verdadero cambio empieza cuando concentras tu energía en lo que puedes cambiar y liberas tu atención de lo que no. Al replantear tu visión sobre las «tareas» y aplicar de manera sistemática la Matriz de Enfoque para el Bienestar (MEB), no solo darás un paso de gigante hacia una vida mucho más consciente, clara y satisfactoria, sino que descubrirás el impacto positivo que puedes generar en tu felicidad.

12

Solo puedes gestionar
lo que tienes controlado

Ahora que conoces todo el poder transformador de los resultados y el impacto profundo que pueden tener en tu bienestar, llega el momento de aprender cómo utilizarlos para aprovechar al máximo su potencial.

Lo primero que necesitas saber es que el mero hecho de entender la realidad en términos de actividades y resultados marcará un antes y un después en tu vida. Pero esto es solo el comienzo, comparado con lo que lograrás cuando hayas convertido en algo habitual para ti disponer de un listado completo y actualizado de dichos resultados. Porque esta potente herramienta —la lista «Resultados»— es la que te permitirá disponer en todo momento de una perspectiva global sobre todos los asuntos relevantes de tu vida y tu trabajo.

Si quieres visualizarlo, imagina, por ejemplo, que cada uno de tus resultados es como un hilo, una línea de actuación que se prolonga en el tiempo hasta alcanzar un fin muy concreto. En tu lista habrá resultados de distintos tipos, así que tendrás hilos variados, con colores y longitudes diferentes. El conjunto de estos hilos se asemeja mucho a un tapiz. Puedes pensar en ellos como en un lienzo que irás confeccionando a medida que avances por las múltiples líneas de actuación que entretejerán tu futuro.

Ahora bien, la clave para que este tapiz refleje de manera fiel tu realidad, es doble: que no falte ni sobre en él ningún hilo y que todos estén en el lugar adecuado. En otras palabras: necesitarás que tu inventario de resultados esté siempre completo y actualizado para que te sea útil.

La importancia de este requisito reside en que solo puedes gestionar aquello que tienes controlado. Si cuando contemples la imagen solo ves información parcial u obsoleta, sabrás de inmediato que no es real y dejarás de confiar en ella, perdiendo así su utilidad. Por eso la lista «Resultados» es una de las tres listas *ad hoc* imprescindibles en toda mente extendida y merece que le prestes una atención especial en tus revisiones de mantenimiento.

Conscientes del valor que aporta disponer de este inventario completo y actualizado, comenzaremos por las buenas prácticas que te ayudarán a asegurar los dos aspectos clave de tu lista «Resultados»: que sean todos los que están y que estén todos los que son.

Qué sobra en una lista de resultados

Recordemos que un resultado es algo que consigues tras completar una serie de actividades. Ahora bien, que algo encaje en esta definición —es decir, que algo sea un resultado de manera objetiva— no implica que sea necesario tener un recordatorio acerca de él en la lista «Resultados».

Esto se debe a que la lista «Resultados» adquiere su valor y su utilidad cuando la revisas como parte de las revisiones de mantenimiento. Si por cualquier motivo hay resultados que no vas a revisar, añadirlos a la lista es innecesario e ineficiente. Hacerlo implicará incurrir en un doble trabajo: añadirlos a la lista ahora y tener que revisarlos más adelante; con el agravante de que introducirán ruido en tu mente extendida y eso mermará tu confianza en ella.

Por otro lado, las buenas prácticas siguientes parten de la premisa de que ya tienes el hábito de aparcar un recordatorio temporal inmediatamente después de completar cualquier actividad perteneciente a un resultado (siempre que tenga sentido). Esta buena práctica es la que asegurará que todos los resultados avancen de forma orgánica, natural y sin esfuerzo.

Una vez aclarado esto, los tres escenarios en los que es una mala práctica añadir un recordatorio del resultado a la lista «Resultados» son aquellos en los que:

1. Conseguirás el resultado completando una única actividad.

    En realidad aquí no podríamos hablar de resultado en sentido estricto, ya que no existe ninguna «serie de actividades». Pero, como es una duda que se plantea de forma recurrente en nuestras formaciones, lo explicaremos de todos modos.

    Al margen de que no encaje en la definición de «resultado», lo importante en este caso es que ya tienes un recordatorio de la actividad, por lo que no hacen falta más. El recordatorio para el resultado es redundante, ya que te recordará exactamente lo mismo que el de la actividad que ya tienes.

2. Alcanzarás el resultado con certeza antes de poder revisarlo.

    Esto es habitual cuando se trata de resultados con escasas actividades que se completarán en un plazo de tiempo muy breve (horas o pocos días). Si logras el resultado antes de poder revisarlo, el recordatorio sobra, ya que lo habrás tachado antes de tu próxima revisión de mantenimiento.

3. Se trate de resultados sin margen para imprevistos, como ocurre con los «autogestionados» y con los que se apoyan en procedimientos.

En ambos casos, cada vez que completes una actividad, la siguiente se generará de forma automática. La única diferencia entre ambos casos es que los resultados que se alcanzarán mediante procedimientos están basados en una o más listas *ad hoc* y los «autogestionados» no.

Veamos ahora algunos ejemplos:

1. Te has quedado sin ibuprofeno en casa. Tienes un recordatorio de actividad en tu lista situacional® «Cuando vaya a la farmacia» que dice: «Comprar ibuprofeno». Tu resultado deseado es «Vuelvo a tener ibuprofeno en casa». Cuando completes la actividad habrás conseguido lo que querías, luego sería absurdo tener un recordatorio en «Resultados» que dijera «Vuelvo a tener ibuprofeno en casa». Con el recordatorio de la actividad es más que suficiente. Por eso decimos que en estos casos no tiene sentido hablar de resultado.

2. Te acaban de pedir una documentación que tienes que entregar mañana sin falta. Para ello, antes necesitarás completar diversas actividades: descargar unos datos, pedir información a otra persona, revisarla cuando la recibas, integrarla junto con los datos descargados en un documento y enviarlo. Tu resultado deseado es «Enviar el documento que me han pedido». Sin embargo, no tiene sentido que añadas un recordatorio a tu lista «Resultados» porque mañana ya estará finalizado, de modo que cuando hagas tu próxima revisión de mantenimiento no lo verás.

3. Necesitas hacerte un análisis de sangre, para lo cual tendrás que completar diversas actividades: pedir cita para que te lo prescriban, ir a que te hagan la extracción, esperar a que estén los resultados, pedir cita para tu médico y asistir a la consulta.

Tu resultado es «Me he hecho el análisis de sangre». Si cada vez que completes una actividad aparcas el recordatorio temporal correspondiente —o incorporas un recordatorio de la próxima actividad a tu mente extendida—, alcanzarás tu resultado con seguridad. Además, debido a su naturaleza, parece improbable que surja algún imprevisto que pueda impedirlo. En consecuencia, es un resultado «autogestionado» para el que no necesitarás tener un recordatorio en tu lista «Resultados».

Los ejemplos de resultados que se alcanzan mediante procedimientos los veremos más adelante, cuando abordemos las listas *ad hoc* específicas para ello (en el capítulo «Listas para gestionar procesos, procedimientos y *workflows*»).

Qué hay en una lista de resultados

Estas buenas prácticas aseguran que en la lista «Resultados» no falte ni sobre ningún recordatorio. Ya sabes cómo reconocer los que sobran, por lo que ahora nos centraremos en aprender a detectar los que faltan.

Hay tres motivos por los que un resultado que debería estar en tu lista «Resultados» puede no aparecer en ella:

1. Creíste que habías añadido el resultado, pero en realidad no lo hiciste. Si sucede esto, no hay que darle mayor importancia (a no ser que sea muy frecuente) porque, cuando hagas tu revisión de mantenimiento, detectarás que falta ese resultado y subsanarás el error.
2. No se trata de un error puntual sino que es consecuencia de una o más malas prácticas que suceden de manera habitual. Las más frecuentes son estas tres:

a) No aparcas los objetos (físicos, mentales o digitales) cuando surgen, lo que los convierte en objetos ignorados.

b) Incorporas los recordatorios directamente a las listas, sin aplicar antes a los objetos la nueva forma de decidir y organizarte.

c) No utilizas una lista «Resultados». Esto suele ser consecuencia casi siempre de la mala práctica anterior y es el motivo que más debería preocuparte de los tres.

Si no usas la lista «Resultados», tu mente extendida estará sesgada permanentemente en favor de las actividades más operativas y triviales, lo cual irá en detrimento de los aspectos más relevantes y estratégicos de tu vida y tu trabajo. Nuestro consejo de amigo es que desarrolles cuanto antes el hábito de utilizar una lista «Resultados», incluso aunque no uses una mente extendida. Haznos caso. Tu confianza y tu bienestar te lo agradecerán.

3. Ni siquiera eres consciente de que ese resultado existe. Este suele ser el motivo más frecuente entre las personas que sí aplican la nueva forma de decidir y organizarte y usan una lista «Resultados» de manera habitual. En este caso, la causa por la que no son conscientes de la existencia de ciertos resultados es que aún no han aprendido a reconocerlos como tales; los tienen delante, pero no los ven. Nos referiremos a este tipo de resultados como «resultados ocultos».

Por ahora, esto es todo lo que necesitas saber antes de avanzar hacia las próximas técnicas que aprenderás, las TEDRO: Técnicas Exploratorias para Detectar Resultados Ocultos.

Los próximos párrafos hasta el final del capítulo son aclaraciones adicionales que serán de gran interés para quienes ya utilicen una mente extendida de forma habitual (incluyendo el uso correcto de la lista «Resultados»). Si no es tu caso, puedes seguir (¡igual te sorprende!) o los puedes saltar y proseguir con la lectura a partir de las TEDRO.

Retomando el último motivo que comentábamos hace unas líneas, somos conscientes de que, hablando con rigor, deberíamos decir «objetos ocultos» en lugar de «resultados ocultos». Sin embargo, nos hemos decidido a favor de la segunda expresión por dos razones:

1. La primera razón es didáctica. Estamos hablando todo el tiempo de «resultados» y creemos que cambiar ahora este término por el de «objetos» podría generar confusión.
2. La segunda razón es que, de acuerdo con nuestra experiencia, la inmensa mayoría de los objetos ocultos terminan generando un resultado. Por ello, nos parece coherente y adecuado hablar de «resultados ocultos» en vez de «objetos ocultos».

Antes de dejar atrás el concepto «objetos», queremos aprovechar esta oportunidad para aclarar otra duda frecuente en nuestras formaciones: ¿qué diferencia hay entre un objeto ignorado y un objeto oculto?

Muy sencillo. Un objeto es cualquier cosa que tiene un significado especial para ti. Dependiendo de cómo interactúes con los objetos, estos serán de dos tipos: reconocidos o ignorados. Si, en el momento en que el objeto aparece, lo aparcas (lo dejas en algún aparcamiento), lo habrás convertido en un objeto reconocido; si no haces nada con él y lo dejas donde está, se convertirá en un objeto ignorado.

Sin embargo, para que este proceso ocurra, antes necesitas ser consciente de que cualquier cosa de tu entorno (incluyendo cualquier idea) puede adquirir un significado especial para ti en cualquier momento, convirtiéndose de este modo en un objeto. Si no eres consciente de esta posibilidad, no podrás percibir ese valor especial, y todos los objetos en tu mundo serán objetos ocultos para ti. Solo cuando adquieras este tipo de consciencia dejarán de estar ocultos y es entonces cuando podrás decidir si reconocerlos o ignorarlos.

Aunque parece lógico pensar que una vez tomas conciencia sobre la existencia de los objetos, estos dejarán de ser ocultos, se trata solo de una verdad a medias. En el momento en que las personas toman conciencia de la existencia de los objetos —y de su posterior transformación en actividades y resultados—, es cuando empiezan a ser capaces de reconocerlos o a ignorarlos. Sin embargo, esta capacidad inicial es limitada. Aunque conocen la teoría, en la práctica solo son capaces de reconocer objetos que pueden asimilarse a «tareas», es decir, aquellos que darán lugar a actividades o resultados. Si no los pueden asociar con algo que tienen que hacer, la mayoría de las personas son incapaces de «verlos». Como no logran reconocer su significado especial, les siguen pasando desapercibidos y hace que estos objetos permanezcan ocultos para ellas.

Esto ocurre porque la mayoría de la gente está acostumbrada a vivir en «modo reactivo»: si sucede algo, actúan; si no, no hacen nada. Esta mentalidad reactiva —según la cual solo se actúa cuando es imprescindible— condiciona la percepción de las personas y limita su capacidad de reconocer cualquier objeto que no requiera acción. En consecuencia, muchos objetos que podrían ser relevantes en su vida permanecen invisibles (ocultos).

La buena noticia es que estos objetos ocultos, a los que a partir de ahora llamaremos «resultados ocultos», no tienen por qué permanecer así para siempre. Con un poco de ayuda, pueden ser descubiertos. Para ello, hemos diseñado un conjunto de herramientas específicas, las TEDRO, que te serán de enorme utilidad para afinar tu percepción. Cuando las apliques, comprobarás lo fácil que te resulta transformar lo invisible en visible y obtendrás una perspectiva más completa y consciente sobre tus resultados.

TEDRO: Técnicas Exploratorias para Descubrir Resultados Ocultos

La forma más rápida de entender el potencial de las técnicas TEDRO es pensar en ellas como una serie de «mapas del tesoro». Al igual que estos mapas te guían con pistas hasta encontrar tesoros escondidos, las TEDRO te ofrecen una serie de hojas de ruta completas con las que podrás descubrir múltiples tesoros de gran valor para tu bienestar y tu vida.

Cuando apliques estas técnicas, es muy importante que centres toda tu atención en explorar, sin permitirte ningún tipo de distracción. Cada vez que encuentres un resultado oculto, apárcalo en tu aparcamiento favorito y continúa; es fundamental que no te entretengas con él. Ya tendrás ocasión de aplicar la nueva forma de decidir y organizarte a todos los resultados ocultos que reúnas más adelante, una vez hayas completado todos los exploratorios.

También es importante tener en cuenta que es muy poco habitual encontrar todos los resultados ocultos en un único lugar. Es normal que estén dispersos, por lo que te recomendamos seguir el orden en que explicaremos las técnicas. Si te ciñes a dicho orden sin desviarte, confiarás en no haber pasado por alto ningún resultado oculto. Podrás adaptarlo a tu gusto más adelante, cuando domines las TEDRO y conozcas los lugares donde suelen esconderse tus resultados.

Además, al aplicar las TEDRO, comprobarás que también son muy útiles para desarrollar la proactividad, que es el elemento más importante de la efectividad personal. Aunque profundizaremos sobre este concepto al final del libro, quédate por ahora con esta idea: la proactividad es la capacidad de anticiparte y tomar el control de tu vida, actuando con intención en lugar de limitarte a reaccionar ante las circunstancias. Las personas proactivas logran transformar sus deseos en realidad porque saben enfocar su energía en lo que realmente importa y en el momento adecuado.

Asegúrate de experimentar el poder de las TEDRO: son una parte esencial del método OPTIMA3® que no te puedes perder. Cada tesoro que descubras con ellas no solo mejorará tu bienestar, sino que te acercará a la vida que deseas.

En realidad, las TEDRO son mucho más que un puñado de técnicas; es un completo conjunto de poderosas herramientas para desenterrar oportunidades ocultas, tomar decisiones más conscientes y, en última instancia, diseñar y construir la vida que siempre has deseado. Estás a punto de embarcarte en un viaje transformador que te revelará lo que hasta ahora ha permanecido oculto y en el que darás los primeros pasos hacia una vida más plena, consciente y proactiva.

EXPLORATORIO INICIAL

Comenzaremos nuestro recorrido con un primer exploratorio en el que escudriñarás tu entorno más familiar e inmediato. Aunque, con el tiempo, cada vez encontrarás menos resultados ocultos en dicho entorno, ahora que estás empezando es de particular importancia que prestes toda tu atención, ya que muchos de ellos los tendrás justo delante de ti.

No ves esos resultados ocultos porque te has insensibilizado ante ellos. Llevan tanto tiempo ahí que han pasado a formar parte del paisaje, de modo que dejaron de llamar tu atención hace mucho y ya no percibes en ellos el significado especial que —aunque ahora no te des cuenta— siguen teniendo para ti.

La situación anterior suele darse cuando no aplicas correctamente las técnicas para identificar objetos. Algo que, por otra parte, sabemos que es difícil de evitar al principio, cuando estás dando los primeros pasos con tu mente extendida.

Cuando decimos «mal», nos referimos a «de manera parcial o incompleta», es decir, sin abarcar todos los objetos existentes a tu alrededor. Este problema afecta por igual a la técnica de reunir o amontonar y a la de aparcar. Sabemos, porque lo vemos con frecuencia, que en ambos casos hay determinados objetos que se quedan sin reconocer; por diversos motivos: pereza, cansancio, falta de tiempo, etc.

Estos objetos que se quedan ahí, donde están, como pobres objetos ignorados, no lo serán por mucho tiempo; pronto, mucho antes de lo que crees, la mayoría de ellos se habrán convertido en resultados ocultos. No se moverán. Seguirán ahí, donde han estado siempre, pero ya no los verás.

Para acabar con esta ceguera temporal, necesitarás refrescar tu mirada y dotarla de una nueva intención. Con un poco de curiosidad e interés y una pizca de esfuerzo, conseguirás que reaparezcan ante tus ojos como si fuera el primer día.

Es más, cuando tenga lugar ese clic en tu cabeza, empezarás a verlos de nuevo en todas partes. «¿Cómo es posible no haberlos reconocido antes si los tenía delante de mí?», pensarás.

Pero la búsqueda no terminará ahí. De hecho, acabará de empezar. Además de encontrar resultados ocultos en tu entorno físico y digital y en tu cabeza, también los hallarás en tu mente extendida. Sí, lo has leído bien: en tu mente extendida.

Algunos de los recordatorios que tendrás en tus listas situacionales® (no olvides que el calendario también es una lista situacional®)

habrán dejado de ser lo que eran cuando los anotaste. Las decisiones, intenciones y motivaciones que en su día te llevaron a apuntarlos, habrán cambiado mucho desde entonces y, lo peor de todo, sin que te des cuenta de ello. Por eso siguen ahí, sin tachar; porque una parte de ti, en lo más profundo de tu cerebro, sabe que ya no te recuerdan lo que querías que te recordaran.

Los casos más habituales en los que encontrarás este tipo de resultados ocultos son los siguientes:

- Actividades —propias o delegadas— que en su día lo fueron (cuando las añadiste a sus listas, incluyendo el calendario) y que ahora han dejado de serlo y se han convertido en un resultado por cualquier motivo.
- Resultados que han cambiado desde que los anotaste y ya no reflejan con precisión lo que quieres lograr; en estos casos necesitarás actualizarlos modificando su redacción o reemplazándolos por nuevos resultados.
- Recordatorios en tu lista «Por reevaluar» que ya no deberían permanecer allí porque ahora son resultados con los que tendrías que estar haciendo algo al respecto.

Al margen del caso concreto del que se trate, para encontrar los resultados ocultos en tu mente extendida necesitarás revisar uno a uno y con detalle todos los recordatorios que tengas en ella, prestando especial atención a los que lleven allí un tiempo considerable. Ten en cuenta que la cantidad de resultados ocultos que descubrirás será proporcional a la regularidad con la que estés haciendo tus revisiones de mantenimiento. Si nunca o rara vez las haces, lo más probable es que encuentres una cantidad ingente de resultados ocultos.

Una vez hayas terminado la fase anterior, solo te faltará hacer una cosa más para completar este exploratorio inicial: revisar tu lista

«Resultados» otra vez, pero en esta ocasión centrando tu atención no en los recordatorios que ya contiene, sino en los que faltan, es decir, en todos aquellos que eches de menos.

Cada vez que identifiques uno de estos resultados, añádelo a la lista (y no olvides incluir un recordatorio de actividad a la lista situacional® correspondiente).

Exploratorio intermedio

Si en el exploratorio inicial nos centrábamos en el entorno más inmediato, en este te alejarás de lo cotidiano y te adentrarás en un mundo un tanto más etéreo o difuso, por decirlo de algún modo. Es decir, a diferencia de lo que ocurría en el exploratorio anterior, ahora ya no buscarás resultados que estén ante tus ojos, aunque no los veas, sino que deberás indagar un poco más entre los recovecos de tu mente.

Los resultados ocultos que encontrarás en este exploratorio intermedio se pueden agrupar en tres grandes categorías:

1. **Soluciones pendientes.** En esta categoría se incluyen los problemas —existentes o potenciales— en su sentido más amplio. Utilizamos la palabra «solución» como la contraparte de «problema», es decir, nos referimos a aquellos aspectos de tu vida o trabajo que no solo desearías cambiar, sino que además está en tu mano hacerlo.

   La razón principal por la que estos resultados suelen permanecer ocultos es que aún no han alcanzado una situación extrema; todavía puedes «convivir» con ellos. De hecho, es probable que muchos de estos problemas ni siquiera hayan adquirido aún estatus de «problema» porque estén todavía en un estado muy incipiente.

Para encontrarlos, piensa en cualquier elemento de tu vida o de tu trabajo que te esté generando actualmente algún tipo de ruido, malestar o inquietud, aunque todavía no se trate de nada grave. Ten en cuenta que la mayoría de los «problemas» son mucho más fáciles de solucionar si los atajas en cuanto aparecen, en lugar de esperar a que se «enquisten».

2. **Mejoras latentes.** Esta categoría abarca tres herramientas con un potencial extraordinario para facilitar tu vida y tu trabajo: los procesos, los procedimientos y los *workflows* (tanto los ya existentes como los que haya por crear). Aunque en ocasiones les acompaña una inmerecida mala fama —hay quien los considera burocráticos y aburridos—, si los entiendes y aplicas bien, pueden transformar tu vida de manera radical y para mejor. Al integrar procesos, procedimientos y *workflows* bien diseñados en tu día a día, evitarás la repetición innecesaria de tareas (*rework*), aumentarás de forma drástica tu eficiencia y reducirás al mínimo los errores. Gracias a estas tres poderosas herramientas, podrás actuar con la confianza de estar siguiendo caminos ya probados con anterioridad, lo que te librará de repensar una y otra vez cada paso.

En lugar de ser una carga, los procesos, procedimientos y *workflows* bien utilizados liberarán tu mente y se convertirán en tus más valiosos aliados, permitiéndote vivir y trabajar con mayor tranquilidad y efectividad. Además, son la puerta de entrada perfecta para incorporar la mejora continua a tu vida y a tu trabajo. Esto hará que optimices progresivamente tu rendimiento de manera natural y sin necesidad de esfuerzo adicional.

La grandeza de estas tres herramientas reside en que, casi sin darte cuenta, te conducirán a la excelencia porque, como dice una de nuestras citas preferidas (atribuida a Aristóteles):

«Somos lo que hacemos repetidamente. La excelencia, entonces, no es un acto, sino un hábito».

En términos prácticos, cualquier resultado susceptible de repetirse varias veces, aunque sea con poca frecuencia y conlleve pocas actividades, es un candidato potencial a convertirse en proceso, procedimiento o *workflow*. Ten mucho cuidado de no caer en la trampa del «no merece la pena», porque podemos asegurarte que, aunque de entrada no lo veas, en nueve de cada diez casos sí la merecerá.

Por último, como la utilidad y el aprovechamiento de los procesos, procedimientos y *workflows* están estrechamente ligados al uso de listas *ad hoc*, hemos preferido no profundizar más ahora sobre ellos y esperar a cuando abordemos estas últimas en la tercera parte del libro.

3. **Desarrollo integral.** A diferencia de las dos categorías anteriores, centradas en solucionar y mejorar aspectos externos de tu vida y tu trabajo, esta categoría se enfoca exclusivamente en tu crecimiento personal y profesional.

Los resultados ocultos que descubrirás aquí serán, casi con seguridad, los más sutiles e imperceptibles de las tres categorías. Esto se debe a que estos resultados suelen manifestarse de forma mucho menos ruidosa, molesta e inquietante que el resto. Se parecen más a un tenue murmullo de fondo, lo que los hace más difíciles de detectar. Por este motivo, también serán los que más te cueste descubrir. Para encontrarlos, necesitarás una dosis extra de atención y esfuerzo.

Un área interesante que merece la pena explorar es el de las competencias, tanto personales como profesionales. Si estás leyendo un libro sobre el desarrollo competencial de la efectividad, es probable que se trate de un tema de particular interés para ti.

Cualquier idea recurrente que cruce tu mente en relación con desarrollar alguna nueva competencia o mejorar alguna ya existente, encierra, casi seguro, un resultado oculto. Aprender o mejorar un idioma, tocar un instrumento musical, bailar, pintar o la fotografía son algunos de los «clásicos». Aunque también podrían ser cocinar, negociar, hablar en público, etc. La lista es casi interminable.

Otro ámbito en el que es probable que encuentres algún tesoro es en tus inquietudes vivenciales o creativas. Todo eso que te gustaría conocer, probar o experimentar al menos una vez en tu vida, casi seguro que es un resultado oculto que está esperando a que lo descubras.

Explorar esta categoría es como desenterrar las semillas del crecimiento personal y profesional que llevas dentro. Prestar la atención adecuada a estos murmullos y descubrir los resultados ocultos que encierran te ofrecerá nuevas oportunidades de aprendizaje y experiencias que pueden transformar profundamente tu vida. ¡Aprovéchalas!

EXPLORATORIO FINAL

En este exploratorio final te adentrarás aún más en terreno desconocido: el de las incertidumbres o, visto desde otra perspectiva, el de las decisiones pendientes. Aquí descubrirás los resultados ocultos más sutiles, los que suelen pasar mejor desapercibidos y, con frecuencia, los que tendrán mayor impacto en tu bienestar.

Como decía Stephen R. Covey en *Los 7 hábitos de la gente altamente efectiva*: «No soy un producto de mis circunstancias. Soy un producto de mis decisiones». Y en eso consiste en gran parte este exploratorio: en tomar decisiones.

Para la mayoría de las personas, lo que estamos buscando aquí ni siquiera se percibe como resultados. Si les preguntáramos, muchas responderían que son un paso previo para poder abordarlos. Nosotros preferimos llamarlos «resultados en la antesala del resultado». Se entenderá mejor con un ejemplo.

Imagina que quieres comprarte un móvil, pero aún no has decidido cuál. Un resultado obvio en este contexto podría ser «Estoy disfrutando de mi móvil nuevo». Sin embargo, lo más probable es que no lo incluyas en tu mente extendida (junto con las actividades necesarias) hasta que hayas decidido qué móvil comprar. Esto tiene su lógica, ya que un resultado sin al menos una actividad no es un resultado. ¿Dónde está el problema entonces? El problema es que estás pasando por alto el verdadero resultado, porque está oculto.

Una actividad debe ser algo físico y visible, y «decidir» no es lo uno ni lo otro. Por eso, «decidir qué móvil comprar» nunca podría ser una actividad vinculada a «Estoy disfrutando de mi móvil nuevo». Pero, aunque no sea una actividad, sí puede ser un resultado. De hecho, lo es. «Decidir qué móvil comprar» es el resultado oculto que te está impidiendo avanzar con «Estoy disfrutando de mi móvil nuevo».

Lo que queremos decir es que la mayoría de lo que bloquea tu avance con los resultados «normales» es, casi con total seguridad, un resultado oculto de este tipo. Verbos como «pensar», «decidir», «ver si», «averiguar» o «investigar» esconden en realidad resultados ocultos que necesitarás descubrir y completar para poder seguir adelante con los resultados que dependen de ellos.

El motivo por el que permanecen tan ocultos es que muchas personas los confunden con actividades, aunque no pueden serlo porque toda actividad tiene que ser física. Estos verbos son mentales, y ahí es donde surge el bloqueo.

Sin embargo, no son tan mentales como parecen. «Pensar», «decidir», «investigar» y otros verbos similares no ocurren por arte de magia ni surgen de la nada. La inspiración está sobrevalorada. Estos resultados se consiguen como todos los demás: completando actividades concretas. Porque, como bien dijo Picasso: «La inspiración existe, pero tiene que encontrarte trabajando».

Todos estos verbos mentales implican, en el fondo, acciones físicas: recabar información, hablar con personas, analizar datos, identificar riesgos y oportunidades, evaluar alternativas, comparar opciones, establecer prioridades y otras muchas. Cuando dejes de verlos como algo «mental» y los percibas como resultados tan tangibles como cualquier otro, tu percepción del mundo cambiará. Y cuando eso ocurra, descubrirlos te resultará sencillo. Por ejemplo, cualquier incertidumbre que te impida avanzar porque necesites pensar, investigar, averiguar o decidir algo, es casi seguro uno de estos resultados ocultos.

Al aplicar este exploratorio final de las TEDRO, comprobarás que no hay barreras infranqueables entre tú y tus resultados, solo requisitos mentales que necesitas operativizar. Cuando descubras estos resultados ocultos y conviertas tus incertidumbres en actividades concretas, habrás desbloqueado un nuevo nivel en tu efectividad personal.

13

Los planes sirven solo si los usas

Hasta ahora nos hemos centrado en asegurar que la lista «Resultados» —la más importante de tu mente extendida— incluya todos los resultados que tiene que tener, sin que sobre ni falte ninguno.

Una vez logrado esto, lo siguiente es mantener esa lista completa y actualizada a lo largo del tiempo. Y no solo esa lista, sino también todas las demás que integran tu mente extendida; solo así dispondrás de la herramienta perfecta para ejecutar en todo momento tus planes con elegancia.

Porque la vida cambia y, al hacerlo, también cambian las circunstancias que nos rodean. En consecuencia, el contenido de tu mente extendida se alejará cada vez más del mundo real, lo cual es un problema grave. Tu mente —la que hay dentro de tu cabeza— solo se fiará de tu mente extendida mientras sea un fiel reflejo de tu realidad. En el instante en que esto deje de ser así, la confianza se desvanecerá.

Esto nos lleva a la necesidad de sincronizar con regularidad ambos contenidos para que vuelvan a coincidir. Y como esta sincronización no ocurrirá de manera espontánea ni automática, serás tú quien deba hacerla.

De ahí que la revisión de mantenimiento no sea solo una necesidad funcional, sino un ejercicio de enorme valor estratégico. Te aseguramos que llevarla a cabo con la frecuencia necesaria, además de brindarte múltiples ventajas, elevará la ejecución de tus planes a un nivel superior.

De hecho, uno de los principales motivos por el que los planes muchas veces no arrojan los resultados esperados es por carecer de la herramienta adecuada para ejecutarlos. En gran medida, porque las tradicionales herramientas de gestión de proyectos son, como descubrirás más adelante, simples gestores documentales. Es cierto que ponen a tu disposición una potencia abrumadora para almacenar, consolidar, gestionar, relacionar y visualizar —con impresionante eficiencia— cantidades ingentes de información relacionada con tus planes. Esta capacidad las hace muy útiles si tu prioridad es mantener la sensación de control sobre ellos en todo momento (de ahí su éxito en las organizaciones). Sin embargo, si lo que buscas es que dichas herramientas te ayuden a integrar la ejecución de los planes, junto con todo lo demás que tienes que hacer en tu día a día, entonces su utilidad es escasa, por no decir nula.

Y es precisamente aquí donde entra en juego una innovación disruptiva: la mente extendida. Con ella dispondrás de una herramienta actual y dinámica gracias a la cual podrás integrar con facilidad la ejecución de los planes en tu vida y tu trabajo; de forma natural y sin esfuerzo, convirtiendo la ejecución casi en un juego de niños.

Como cabe esperar, esto no ocurre por sí solo. Por eso, para aprovechar el potencial de tu mente extendida en toda su plenitud, es necesario que cumplas con estos tres requisitos:

1. Mantener su contenido completo y actualizado.
2. Utilizarla de forma sistemática para elegir qué hacer en cada momento.
3. Recalibrar tu estrategia y tus compromisos con regularidad.

Veamos a continuación en qué consiste cada uno de ellos.

Mantener tus mapas sincronizados con la realidad

El primer requisito para que tu mente extendida se convierta en la herramienta de ejecución que tus planes necesitan es mantener tus mapas sincronizados con la realidad.

Hay quienes piensan que los planes son definitivos, que no cambiará nada desde que se diseñen hasta que se complete su ejecución. Esta creencia es la que los lleva a pensar que «desgranar» cada resultado en todas sus actividades es una buena práctica. Aunque entendemos lo reconfortante que puede ser esta creencia, lo cierto es que carece de fundamento y presenta un par de serios inconvenientes.

Uno de ellos es que lleva a confundir «plan» con «procedimiento». Como recordarás, un plan que no cambiará no es un plan sino un procedimiento (del mismo modo que un procedimiento que cambiará no es un procedimiento sino un plan). Tener clara la diferencia entre estos dos conceptos es fundamental para mejorar la efectividad, ya que las herramientas para gestionar planes y procedimientos son distintas. Por eso insistimos una vez más en la necesidad de que asimiles esta idea si aún no lo has hecho: si cambiará, es un plan; si no lo hará, es un procedimiento.

Otro gran inconveniente de creer que los planes no cambian es que convierte en redundante su revisión porque, si no cambian, ¿qué sentido tiene revisarlos? El problema de creer que los planes solo habrá que seguirlos es que perjudicará su ejecución, porque un plan que no se revisa lo necesario es un plan condenado a fracasar antes o después (y a hacerte fracasar a ti también).

Por suerte, otra de las grandes ventajas de utilizar una mente extendida es que no solo facilitará sino que incluso favorecerá que revises tus planes con la frecuencia adecuada, gracias a lo cual los mantendrás siempre sincronizados.

Lo facilitará porque, en lugar de presentarte toda la información del plan mezclada, lo hará de forma segmentada: las actividades que podrás hacer por un lado, los resultados y los hitos intermedios por otro, las actividades delegadas por otro, las decisiones que reevaluarás por otro, etc.

Esta segmentación es clave, ya que cada tipo de información en el plan requerirá un tipo específico de análisis al revisarlo. Por ejemplo, tendrá sentido analizar por qué no estás completando las actividades que ya puedes hacer, pero será absurdo plantearte por qué no estás completando las que todavía no se pueden hacer. Y lo mismo ocurrirá con los tipos de decisión. No será lo mismo decidir si reclamar o no una actividad delegada que aún no se ha completado que decidir qué harás finalmente con una decisión que, en su momento, decidiste reevaluar y que aún no has tomado.

Si utilizas una mente extendida, dispondrás de un mapa completo para cada uno de tus planes en lugar de la típica amalgama de información difícil de gestionar que ofrecen los programas de gestión de proyectos convencionales. Gracias a ello, podrás acceder a cada uno de los segmentos del plan —a cada ubicación en el mapa— de manera independiente. Así te resultará mucho más fácil analizar su contenido con comodidad y decidir sobre él con confianza.

Como sabes, el más importante de todos estos mapas es la lista «Resultados», ya que en ella encontrarás el inventario completo de todos los temas abiertos en los que estés avanzando ahora mismo, es decir, un inventario de todos tus planes.

A modo de resumen, quédate con la idea de que convertir en hábito la revisión de mantenimiento es indispensable para que tu mente extendida funcione como tú necesitas, además de ser una excelente práctica. El desarrollo de este hábito garantiza que revisarás tus asuntos —personales y profesionales— con la frecuencia necesaria y, sobre todo, que estarás siempre al día sobre el estado real de todos tus planes y con el grado de detalle que necesites en cada caso.

Contrastar tus opciones para elegir con criterio

El segundo requisito para que tu mente extendida sea realmente útil es usarla de forma sistemática. Aunque pueda parecer una perogrullada, suele ser el más difícil de cumplir de los tres. La tentación de seguir el impulso natural de elegir lo último, lo más llamativo o lo más ruidoso es muy fuerte y resistirse requiere una buena dosis de autocontrol, sobre todo al principio.

Casi nadie apunta las cosas a fin de disponer de una herramienta poderosa para tomar decisiones, lo único que se pretende es no olvidarse de ellas. Sin embargo, la clave de una buena ejecución es elegir bien en todo momento qué hacer y qué no. Y esto no es innato. Solo con trabajo y perseverancia lograrás desarrollar un criterio sólido que te permitirá elegir con confianza la opción que tenga más sentido en cada momento.

Precisamente por eso, aprender a gestionar recordatorios de manera efectiva es una de las grandes asignaturas pendientes para muchas personas. En gran parte, por las malas prácticas que les inculcaron en la escuela. Por ejemplo, es probable que a ti también te hayan dicho que, para planificar, lo primero que debes hacer es pensar en el resultado y, a partir de ahí, ir «desgranando» las diversas «tareas» que te conducirán a él. Además, casi seguro que te aconsejaron guardar todas esas «tareas» en un mismo sitio para tenerlas todas bien controladas.

El pretexto para este desatino es que solo así podrás disponer en cualquier momento de una visión de conjunto sobre todos los elementos del plan (como si eso tuviera alguna utilidad o importancia para su ejecución). En realidad, esto no es más que otro ejemplo de hasta dónde puede llegar en ocasiones la obsesión por el control, siempre dispuesta a sacrificarlo todo por conseguirlo. Solo que, en este caso, la víctima serás tú, que no podrás disponer de un ecosistema efectivo con el que tomar buenas decisiones y optimizar la ejecución de tus planes.

En serio, por mucho que te insistan en que estas dos prácticas son buenas, no es cierto. De hecho, son justo lo contrario: un par de graves obstáculos para la efectividad. Porque dificultan la toma de decisiones, frenan la ejecución de los planes y generan frustración. Como no pretendemos que nos creas sin más, explicaremos el porqué de nuestras afirmaciones.

Una de las razones es que, al agrupar en un mismo sitio la totalidad de los recordatorios relacionados con un tema determinado, te obligarás a ver en todo momento los recordatorios de aquellas actividades que, aunque quieras, no podrás hacer aún porque dependen de otras que habrá que completar antes.

Una segunda razón: es harto improbable que las actividades que sí puedas llevar a cabo —porque no dependan de ninguna otra— haya que hacerlas todas en la misma situación. Esto ocurre en muy raras ocasiones. Lo normal es que esas actividades las tengas que realizar en diversos lugares, con distintas herramientas o interaccionando con diferentes personas. Lo cual nos lleva a que, si tienes todos sus recordatorios juntos, te obligarás a ver permanentemente recordatorios de actividades que no podrás completar en la situación en la que estés (harás trabajar a tu cerebro para nada).

Una razón adicional es que el acceso indiscriminado a los recordatorios te impedirá contar con una visión completa de todas las opciones entre las que podrías elegir en una situación determinada. Esta limitación dificulta de manera extraordinaria la toma de buenas decisiones sobre qué hacer y qué no hacer en cada momento, ya que la buena práctica es ver todas las opciones posibles, sin importar a qué plan pertenezca cada actividad o incluso si no pertenece a ninguno.

Por suerte, todos los obstáculos anteriores son fáciles de superar si utilizas una mente extendida, ya que una de sus características más potentes es que asegura el acceso inteligente a los recordatorios.

Una lista ofrece acceso inteligente a los recordatorios que contiene cuando:

- Integra opciones procedentes de múltiples fuentes. Por ejemplo, actividades pertenecientes a distintos planes con actividades independientes que no pertenecen a ninguno.

  Las actividades de estas listas se integran no por su temática o su origen, sino por una situación concreta —común a todas ellas— en la que tiene sentido ver sus recordatorios

- El contenido de la lista que se consulta no es estático, sino dinámico. Esto significa que los recordatorios que contendrá la lista dependerán de la situación en la que te encuentres en cada momento. La gran ventaja de este dinamismo es que solo verás las opciones que tenga sentido ver en la situación en la que estés.

- El contenido de la lista es también selectivo. Gracias a esta característica, no verás todas las actividades que podrás hacer en un futuro en la situación en la que estés ahora, sino solo aquellas que puedas hacer ya, sin necesidad de que se completen otras antes.

En resumen, como ya demostramos en *Recupera tu vida con una mente extendida*, las listas situacionales® son mucho más inteligentes, versátiles y potentes que las tradicionales listas temáticas o listas de archivo, ya que trabajar por situación es mucho más efectivo que hacerlo por tema.

Por eso, integrar las listas situacionales® en tu toma de decisiones cotidiana es la mejor garantía para ejecutar tus planes con elegancia y alcanzar tus resultados.

Recalibrar tu estrategia desde una perspectiva global

El tercer y último requisito para aprovechar el potencial de tu mente extendida es recalibrar tu estrategia y tus compromisos con regularidad.

La revisión de mantenimiento, además de ser la ocasión ideal para hacer un repaso a fondo de tus planes, te brindará también una oportunidad magnífica para pensar sobre ellos en conjunto de forma estratégica y desde una perspectiva global. Es fantástico.

Sabemos que la vida cambia sin parar y que esto es lo normal. Sin embargo, al hacerlo, también cambia lo que tiene más sentido realizar en cada momento. Por ejemplo, un plan que en su origen te parecía crítico podría no serlo tanto un tiempo después; o al contrario. Además, habrán aparecido nuevos planes, mientras que algunos de los existentes habrán sufrido modificaciones o incluso se habrán cancelado.

La vida es así y, como nos enseña la MEB, hay que aceptarlo; por eso es necesario perder el miedo a añadir, quitar o mover recordatorios en tu mente extendida siempre que sea necesario. Porque no solo es bueno hacerlo, sino que es imprescindible.

Imagina, por ejemplo, que surge la necesidad de completar un resultado que requerirá gran parte de tu atención durante las próximas semanas. Una consecuencia natural de este resultado que acaba de aparecer es que algunos de los que ya tienes en marcha no recibirán atención alguna por tu parte hasta que hayas completado el nuevo. Si esto es así —y podemos asegurarte que lo es—, ¿qué sentido tiene mantenerlos en tu lista «Resultados»? Dejarlos allí solo servirá para que te los encuentres en tus revisiones de mantenimiento y te sientas mal por no haber avanzado con ellos. Por eso, la buena práctica que te recomendamos es ponerlos en pausa hasta que sea realista retomarlos. Las listas *ad hoc* tipo *standby* que veremos más adelante, en la tercera parte del libro, te ofrecen una forma fácil, rápida y efectiva de gestionar estos resultados «en pausa» (te mostraremos un ejemplo concreto de cómo «pausar» resultados con estas listas cuando las expliquemos).

En cualquier caso, y sea cual sea la forma que elijas de hacerlo, tus listas «Resultados» y «Por reevaluar» deben ser siempre un reflejo sincero de tu estrategia global y tus compromisos actuales.

Mantener esta sintonía es esencial porque los cambios que sin duda ocurrirán en algún momento, influirán en tu capacidad de ejecución y la pondrán en peligro. Si únicamente añades recordatorios a tus listas, sin completar, pausar, mover ni quitar ninguno, no solo colapsarás tu mente extendida, sino que acabarás cayendo antes o después en las oscuras garras del sobrecompromiso, uno de los más temibles enemigos de la efectividad personal. Si nunca has oído hablar de él, se trata de un mal universal que surge de la combinación de dos sesgos cognitivos que lo propician: el efecto de sobreconfianza y la falacia de la planificación.

El efecto de sobreconfianza es la tendencia a confiar más en nuestra capacidad de lo que podríamos justificar basándonos en hechos objetivos. Seguro que alguna vez has pensado que hacías algo «en un momento» y luego ese «momento» ha sido mucho más largo de lo que imaginabas.

Por su parte, la falacia de la planificación es la tendencia a subestimar el tiempo necesario para completar una tarea. Este sesgo cognitivo fue enunciado en 1979 por Daniel Kahneman y Amos Tversky y es uno de los más estudiados del mundo. Un ejemplo famoso de sus consecuencias es la construcción de la Ópera de Sídney, que se retrasó nada menos que diez años y costó más del doble de lo previsto.

Resumiendo: si quieres ser una persona efectiva, necesitarás recalibrar tu estrategia con regularidad para adaptarla a la realidad cambiante.

Además, gracias a esta buena práctica podrás redistribuir tus esfuerzos y asegurar que los inviertes con inteligencia. Eso sí, para que esto sea posible, es imprescindible desarrollar el hábito de mantener conversaciones honestas contigo mismo de forma frecuente y natural. Al hacerlo, minimizarás el impacto negativo del sobrecompromiso en tu efectividad, protegerás y mantendrás a salvo la ejecución de tus planes y, por si esto fuera poco, sabrás en todo momento que estás dedicando tu atención a lo que tiene más sentido para ti.

14

Redactando resultados poderosos: claridad, propósito y motivación

Vamos a finalizar esta selección de buenas prácticas con algunas destinadas a cuidar la redacción de los resultados. Este aspecto, aunque a menudo pase desapercibido y esté infravalorado, es crucial para poderlos gestionar de manera efectiva.

Cuidar con esmero la redacción de los resultados es fundamental por una sencilla razón: si asumimos que planificar tiene como objetivo ganar claridad, es absurdo perderla durante el resto del proceso. Y la forma más sencilla de mantener la claridad hasta que este haya concluido es asegurar que esté presente en la redacción del resultado.

Es lo que tiene sentido. Recuerda que, desde que incorpores un recordatorio a tu lista «Resultados» hasta que lo taches una vez completado, lo revisarás en incontables ocasiones. Si lo redactas mal, estarás desperdiciando gran parte del esfuerzo realizado en la planificación, ya que, en lugar de aportarte claridad, te causará confusión cada vez que lo leas.

Para prevenir este problema, solo necesitas aplicar con interés y atención las buenas prácticas que detallaremos en las próximas páginas. Como nos gusta decir: «En efectividad, las palabras siempre importan; y en la redacción de resultados, aún más».

Los tres requisitos que todo resultado bien redactado debe cumplir son los siguientes:

1. Contener la cantidad adecuada de información.
2. Expresar no solo el resultado, sino también su propósito.
3. Motivar e incitar a la acción.

Antes de profundizar sobre estos requisitos, nos gustaría compartir contigo una última reflexión para ayudarte a entender la relevancia de estas buenas prácticas en toda su dimensión.

Redactar bien tus resultados es esencial para gestionarlos con efectividad, pero es mucho más que eso. Es una inversión de alta rentabilidad y, sobre todo, un arte. La redacción adecuada te permitirá alcanzar un nivel superior de fluidez y, gracias a ella, podrás avanzar hacia tus resultados con una agilidad y un ritmo que ahora solo puedes imaginar.

La regla de oro de la efectividad

La regla de oro de la efectividad es uno de los elementos esenciales que necesitas conocer y aplicar si deseas avanzar en este campo. Por esta razón, en *Recupera tu vida con una mente extendida* dedicamos varias páginas a explicar con detalle sus fundamentos y su utilidad. Sin embargo, como no es necesario comprender todos sus entresijos para poder beneficiarte de ella, en esta ocasión nos limitaremos a recordar su enunciado: «Cuanto menos, mejor, y tanto como necesites».

Esta regla nos invita a priorizar los aspectos cualitativos sobre los cuantitativos, que son los que suelen predominar. Decimos que una cantidad es la «adecuada» —al margen de que sea mucha o poca— cuando se ajusta de manera idónea al propósito que se persigue alcanzar con ella. Por ejemplo, si lo que deseas es vestir con comodidad, la cantidad de ropa adecuada será aquella que te lo permita; si llevas ropa de más, pasarás calor, y si llevas ropa de menos, pasarás frío; en ambos casos será incómodo porque llevarás una cantidad de ropa inadecuada.

El principal objetivo de esta regla es combatir pensamientos simplistas del tipo «menos es más», tan de moda en la actualidad. Afirmaciones como esta encierran más peligro del que parece, y si no nos crees, prueba a salir sin ropa a la calle en pleno invierno a ver si de verdad hacerlo con menos ropa es más cómodo que hacerlo con la cantidad de ropa adecuada.

El minimalismo mal entendido ha hecho mucho daño y lo sigue haciendo. Por alguna extraña razón que nos cuesta comprender, esta especie de reformulación de la tacañería está omnipresente en los procesos de mejora de la efectividad. En vez de recordatorios, a veces tenemos la sensación de que la gente cree estar redactando telegramas y que pagarán por cada palabra que escriban.

Lo cierto es que tampoco es tacañería en sentido estricto. Aunque la excusa que nos dan es que lo hacen por economía —por ahorrar palabras—, lo que nosotros percibimos no es ahorro, sino pereza (sobre todo, intelectual).

Un recordatorio que no recuerda todo lo que tiene que recordar, o que no lo recuerda con precisión, es un recordatorio mal redactado. Y un recordatorio mal redactado es un recordatorio que no sirve para nada porque no cumple su propósito: recordarte algo que ya has pensado y decidido en el pasado para que no tengas que volver a pensar y decidir sobre lo mismo una y otra vez.

Si revisas las redacciones de resultado que hemos utilizado hasta ahora en el libro, verás que no tienen por qué ser necesariamente extensas. Solo tienen que no ser cutres. Si tu resultado es comprarte un coche, cualquiera, sin matices de ningún tipo, entonces «comprarme un coche» es una redacción correcta. Ahora bien, ¿es adecuada? Si te da igual cualquier coche, probablemente lo sea; pero si quieres un coche lo más ecológico posible, o que se aparque con facilidad, o con un buen maletero, o que cueste poco, etc., entonces el resultado estará mal redactado porque no incluye la cantidad de información adecuada: «Comprarme un coche lo más ecológico posible/que se aparque con facilidad/con un buen maletero/que cueste poco» sí estarían bien redactados porque incluirían la cantidad adecuada de información.

No te estamos incitando a escribir resultados de seis líneas, solo te estamos invitando a dedicar unos segundos (ni siquiera minutos) a asegurar que el resultado que escribas refleje con claridad y precisión lo que de verdad quieras conseguir, incluyendo todos los matices relevantes. Es muy fácil, de verdad; solo tienes que añadir la cantidad de información adecuada: «Cuanta menos, mejor, y tanta como necesites».

Solo es resultado si cumple su propósito

Una demostración práctica de lo que vamos a explicar a continuación es el resultado que utilizamos para el ejemplo de la TARO3® y, en concreto, para su definición: «He resuelto los atascos de la ducha y estoy disfrutando de un cuarto de baño a mi gusto». Una redacción alternativa podría haber sido: «Reparar la ducha y reformar el baño». No nos negarás que así, a primera vista, parece impecable, ¿verdad? Y, sin embargo, no lo es. Veamos por qué.

Un error muy frecuente al redactar resultados es hacerlo de tal modo que estén por completo desvinculados del propósito que persiguen. No ocurre así en el ejemplo que utilizamos para la TARO3®. En ese caso, el resultado deseado no se limitaba a que la inundación y la ducha se reparasen, sino que había matices fundamentales que iban a marcar un grado de satisfacción u otro al terminar las obras. De ahí la parte final «estoy disfrutando de un cuarto de baño a mi gusto».

Tener claro para qué haces lo que haces es uno de los recursos más efectivos contra la procrastinación. Esto se debe a que la resistencia que encontrarás a la hora de ponerte a hacer cualquier actividad guardará una estrecha relación con el sentido que para ti tenga hacerla. Podemos asegurarte que, cuando de hacer se trata, la diferencia que hay entre «hacer con sentido» y «hacer por hacer» es abismal.

Volviendo a la persona que protagonizaba el ejemplo de la TARO3®, lo que ella quería de verdad no era ni arreglar la ducha ni reparar la inundación causada por el vecino de arriba: lo primero lo llevaba procrastinando hace ni se sabe cuánto tiempo y lo segundo es algo que, de algún modo, estaba obligada a hacer al estar el baño inutilizable. Si su resultado hubiera sido «Reparar la ducha y reformar el baño», ¿cuánto crees que le habría apetecido completar las actividades una vez superado el entusiasmo inicial?

Una de las diferencias más reveladoras entre las personas efectivas y las que no lo son es el porcentaje de resultados que finalizan de entre todos los que empiezan. Te sorprenderías si vieras la enorme diferencia que hay entre unas y otras.

Uno de los principales motivos por los que se da esta elevada tasa de abandono es definir mal los resultados. Por «mal», en este contexto, nos referimos a hacer redacciones «sosas», frías, sin «nervio» ni ganas, simplemente para salir del paso.

Retomando el ejemplo del baño, lo que nuestra protagonista quería conseguir en realidad era hacer de defecto virtud y convertir el desaguisado causado por el vecino en una oportunidad de oro para tener —por fin— un cuarto de baño a su gusto; uno en el que oliera a limpio, que no pareciera una cueva y en el que poder ducharse sin que entrara una corriente de aire gélido cada vez que lo hacía. Todos estos detalles sí que suponen una motivación de verdad; y una de las buenas.

Cuando nuestra protagonista tenga oportunidad de completar alguna actividad relacionada con el baño y sienta pereza, recordará su resultado y eso será lo que la mueva a la acción. Y no será la parte que dice «He resuelto los atascos de la ducha» la que la motive y la mueva, sino la otra: «Estoy disfrutando de un cuarto de baño a mi gusto».

Piénsalo un momento. Si termina la obra, han puesto todo lo que ella quería en el nuevo baño y han arreglado también la ducha, pero no le gusta cómo ha quedado ni le resulta agradable usarlo, ¿tú dirías que ha logrado su resultado?

Si la redacción hubiera sido «Reparar y reformar el baño», parece evidente que sí lo habría logrado. Ahora bien, con la redacción que nosotros proponíamos en el ejemplo, queda claro que no, porque la segunda parte de la frase no se estará cumpliendo.

La ventaja de haber redactado el resultado «con propósito» es que inducirá a nuestra protagonista a añadir tantas actividades como sea necesario para lograr lo que en realidad quiere lograr: que el baño esté a su gusto para poder disfrutarlo.

Lo mejor de todo es que implantar esta buena práctica no puede ser más sencillo. Es tan fácil como no poner el primer resultado que te pase por la cabeza y, en vez de eso, dedicar unos segundos de calidad a asegurarte de que el propósito —el «para qué» quieres conseguir el resultado— esté incluido en la redacción. Y si no está, asegúrate de incluirlo. Te garantizamos que notarás una diferencia radical cuando te pongas a ejecutarlo.

Por qué cualquier tiempo pasado fue mejor

Terminamos esta selección de buenas prácticas con otra que refuerza y amplía la que acabamos de ver sobre el propósito.

En *Recupera tu vida con una mente extendida* explicábamos que todo recordatorio de resultado debe incluir siempre un verbo en su redacción. También decíamos que todos los tiempos verbales son correctos. Ahora matizaremos esta última afirmación.

En sentido estricto, es cierto que cualquier tiempo verbal es correcto, porque lo que de verdad importa es que la redacción del resultado incluya un verbo. Dicho esto, la forma verbal importa más de lo que en un principio cabría suponer.

El motivo por el que no profundizamos sobre ello en nuestro anterior libro es que, cuando estás dando tus primeros pasos con una mente extendida, lo importante es que te acostumbres a usar resultados y que estos tengan un verbo. Hasta no haber consolidado esto, todo lo demás es accesorio. Sin embargo, una vez has desarrollado el hábito, entonces los matices sobre el tiempo verbal sí que empiezan a ser relevantes. Por ejemplo, «Comprar una moto» sería correcto desde un punto de vista técnico, ya que incluye un verbo. Aunque hay muchas personas a las que les gusta la opción de usar el infinitivo, a nosotros no nos convence, por varias razones.

La primera razón es que, de acuerdo con nuestra experiencia, puede incitar a pensar que estás ante el recordatorio de una actividad que realizarás y no de un resultado que lograrás.

La segunda razón por la que no nos convence el uso del infinitivo es porque se trata de una forma verbal neutra que carece de poder motivador.

Una manera alternativa —y preferible— de redactar este resultado podría ser «Moto comprada». En esta redacción se utiliza el participio, una forma verbal que, por definición, implica que algo ha finalizado y, por consiguiente, se ha conseguido. Son muchas las personas que encuentran motivadora e ilusionante esta forma de expresar resultados, mientras que a otras les confunde el hecho de expresar como conseguido algo que aún no se ha logrado. Nuestra recomendación es que dejes al margen la primera impresión y lo pruebes un tiempo. Solo así sabrás con certeza si esta propuesta de redacción puede ser útil para ti o no.

En cualquier caso, nuestra forma de redacción preferida no es ninguna de las anteriores, sino otra que es una ampliación o mejora de la que acabamos de ver. «Estoy disfrutando de mi moto nueva y paso más tiempo con mi pareja» podría ser un buen ejemplo de nuestra fórmula preferida.

La utilidad de esta opción es que, además de expresar el resultado como algo que ya has conseguido, va más allá.

Por una parte, te incluye de manera activa en la consecución del resultado. Esto es un factor motivador para muchas personas (para nosotros, sin ir más lejos) porque te convierte en protagonista de lo que conseguirás.

Por otra parte, ese tipo de redacción suele generar una emoción positiva al anticipar hasta cierto punto la satisfacción que sentirás al lograr el resultado.

Por último, y aunque es opcional, permite incluir a personas que también se beneficiarán de la consecución del resultado, como será el caso de tu pareja en el ejemplo que estamos viendo (ya que podréis pasar más tiempo juntos). Esta posibilidad también conlleva un fuerte potencial motivador.

De nuevo, te invitamos a experimentar. Es importante que no descartes ninguna de las opciones más avanzadas solo porque a primera vista te resulten extrañas. Tómate el tiempo suficiente para experimentar con ellas hasta dar con el tipo de redacción que mejor te funcione.

Por supuesto, puedes combinar los distintos tiempos verbales en tu lista «Resultados» sin problema alguno; por ejemplo, en función de cómo de relevante sea cada uno ellos para ti (es lo que nosotros hacemos). Una medida inteligente es cuidar más la inclusión de aspectos motivacionales en los resultados que intuyas con mayor riesgo de procrastinación. Por la misma razón, no pasa nada si quieres utilizar el infinitivo para los resultados más operativos o menos relevantes.

15

Cómo aplicar estas prácticas sin una mente extendida

Como decíamos al inicio de esta parte, las buenas prácticas que acabamos de ver son fáciles de entender y aplicar por todo el mundo, y con independencia del sistema de organización empleado. Aun así, somos conscientes de que habrá personas que se sientan un poco desorientadas a la hora de aplicarlas fuera de una mente extendida.

Hasta ahora hemos preferido no dar indicaciones concretas sobre cómo hacerlo, ya que existen varias formas posibles y todas ellas son válidas. Lo importante es que, elijas la que elijas, no genere fricción y te ayude a aprovecharlas.

De todos modos, antes de finalizar esta parte, hemos querido incluir algunas sugerencias concretas para quienes prefieran seguir una ruta segura con nuestras recomendaciones, en lugar de lanzarse a la aventura de experimentar. Si perteneces al grupo de amantes de la aventura, puedes saltarte tranquilamente este capítulo si quieres; en caso contrario, lo que sigue a continuación seguro que te interesa.

En el capítulo «La Matriz de Enfoque para el Bienestar» afirmábamos que, para poder interactuar con la vida de manera efectiva, antes tendrás que olvidarte de las «tareas» y empezar a pensar en ella en términos de objetos, actividades y resultados.

Hay un par de reflexiones adicionales que nos gustaría compartir contigo al respecto. Por una parte, creemos que con las explicaciones que hemos dado en el libro al hablar de objetos, actividades y resultados es suficiente para que estos conceptos se hayan entendido sin problema. Ahora bien, una cosa es que los hayas entendido y otra muy distinta es que hayas «comprado» nuestra afirmación al completo. Además, somos muy conscientes de que, sin el contexto previo suficiente, lo que decimos puede sonar un tanto radical y hasta cierto punto «transgresor», pero te podemos asegurar que no está dicho a la ligera. Créenos, empezar a pensar en actividades y resultados es imperativo para mejorar tu efectividad; así que, tal y como lo vemos nosotros, solo tienes dos opciones:

1. Haces un pequeño acto de fe, crees lo que te decimos y sigues adelante.
2. Consigues un ejemplar de *Recupera tu vida con una mente extendida* y lees con atención los apartados titulados «Por qué necesitas olvidarte de las tareas» y «Aprendiendo a pensar en objetos y significados», en los que justificamos nuestras afirmaciones con todo lujo de detalles.

Continuemos ahora nuestro recorrido a partir de «Solo puedes gestionar lo que tienes controlado» y, en concreto, del párrafo en el que decimos que la lista «Resultados» es una de las tres listas *ad hoc* imprescindibles en toda mente extendida. Como lo más probable (si estás leyendo este capítulo) es que tú no tengas ninguna mente extendida, tampoco tendrás una lista «Resultados», por lo que necesitarás crearla.

Lo bueno es que no necesitas contar con una mente extendida para ello y ni siquiera tienes por qué llamarla «Resultados». Lo que sí necesitas es un sitio específico en el que mantener el inventario completo y actualizado de los resultados que quieras conseguir físicamente separado de todo lo demás; solo así podrás evitar que se mezclen con otros tipos de recordatorios como, por ejemplo, los de aquello que tendrás que hacer, los que harán otras personas o las decisiones que tendrás que tomar más adelante.

Cuando construyas esta lista —y la hayas bautizado con el nombre que quieras—, añade tus resultados. Al hacerlo, presta especial atención a no cometer los errores de novato que comentamos en el apartado «Qué sobra en una lista de resultados».

Creemos que también te será muy útil cuando sigas al pie de la letra lo que recomendamos en «Redactando resultados poderosos: claridad, propósito y motivación».

Por último, recuerda que necesitas tener al menos un recordatorio de actividad para cada resultado (en el sitio que hayas elegido para anotar los recordatorios de lo que tendrás que hacer), así que asegúrate de ello.

Sigamos avanzando hasta el apartado titulado «Exploratorio inicial», donde mencionamos una serie de técnicas que serán desconocidas para ti: reunir o amontonar y aparcar. Por suerte, no necesitas conocerlas para poder aplicar las TEDRO al completo y aprovechar todo su potencial.

Cuando las apliques, sé consciente de que, como nunca has reunido, amontonado ni aparcado objetos, todos los que haya en tu entorno serán objetos ocultos a efectos prácticos. Por consiguiente, tómate tu tiempo para encontrar los muchos que sin duda existirán tanto en tus entornos físico y digital como en tu cabeza.

Vayamos ahora al capítulo «Los planes solo sirven si los usas» y, en particular, adonde decimos que la revisión de mantenimiento no es solo una necesidad funcional, sino un ejercicio de enorme valor estratégico.

Te garantizamos que la ejecución de tus planes pasará a otro nivel si revisas tu lista de resultados (o como la hayas llamado) con la frecuencia necesaria. Sin embargo, como no utilizas una mente extendida, no tendrás el hábito de la revisión de mantenimiento, por lo que necesitarás construir uno equivalente.

Nuestra recomendación es que revises la lista donde tengas tu inventario de resultados entre cada siete y diez días, dedicando unos instantes a reflexionar sobre su contenido, tomar decisiones y asegurar que todos ellos tengan al menos un recordatorio de actividad en alguna otra lista.

Llegamos así a la parte en la que hablamos de la mente extendida como una innovación disruptiva. En concreto, a la frase en la que decimos: «Con ella dispondrás de una herramienta actual y dinámica, gracias a la cual podrás integrar con facilidad la ejecución de los planes en tu vida y tu trabajo».

En tu caso, al no utilizar una mente extendida, tendrás que emplear tu propio sistema de organización, bien creando uno si aún no lo tienes, bien haciendo los cambios necesarios en él si ya dispones de uno. En ambos casos, lo importante es que puedas ver siempre que tenga sentido los recordatorios de lo que necesitas hacer para que tus planes avancen.

Entrando ya en la recta final de estas reflexiones adicionales, te sugerimos a continuación un par de ideas que te serán útiles para «Mantener tus mapas sincronizados con la realidad».

La primera de ellas es tener un inventario aparte con todas las actividades que estés esperando que completen otras personas: lo que vendría a ser una lista equivalente a la de «Actividades delegadas» en una mente extendida.

La segunda es hacer lo mismo con todas las decisiones relacionadas con tus planes que —sea por la razón que sea— tomarás más adelante; que en este caso equivaldría a la lista «Por reevaluar». ¡Ojo! Si te animas a crearla, asegúrate de que solo contenga decisiones pendientes de tomar; nada de incluir actividades en esta lista.

Y al igual que te decíamos con la lista «Resultados», no tienes por qué nombrarlas igual que en una mente extendida; puedes utilizar los nombres que quieras, siempre que dejen claro sus respectivos contenidos: actividades que no harás tú sino otras personas y decisiones que tomarás más adelante.

Como consideración final, ten presente que si todo avanza según lo previsto, entonces no se trata de planes sino de procedimientos. Los planes, por naturaleza, están obligados a cambiar.

Revisar con la frecuencia necesaria tus listas «Resultados», «Actividades delegadas» y «Por reevaluar» (o como decidas llamarlas) es la mejor garantía de que seguirán siendo un reflejo fiel de la realidad. Esto asegurará que la ejecución de tus planes avance a buen ritmo y te ahorrará más de una sorpresa desagradable.

TERCERA PARTE

Un recurso ilimitado para maximizar tu efectividad

La verdadera libertad es tener el control sobre tus acciones.

EPÍCTETO

La maravilla de pensar
poco pero bien

Como explicábamos en *Recupera tu vida con una mente extendida*, la efectividad es la combinación de eficiencia y eficacia. La eficiencia consiste en «hacer bien las cosas», es decir, sin errores ni desperdicios de tiempo o dinero; mientras que la eficacia implica «hacer las cosas correctas», aquellas que tienen más sentido para ti en cada momento.

Las listas *ad hoc* tienen como objetivo ayudarte a maximizar tu eficiencia (que, por si no lo recuerdas, es sinónimo de productividad). Y lo logran de manera sistemática. En otras palabras, su éxito está garantizado. Esto se debe a que el funcionamiento de estas listas se basa en uno de los principios universales de la eficiencia: interaccionar con las cosas una única vez para cada fin.

Dediquemos un momento a profundizar en este principio y su utilidad. Antes de continuar, es importante que recuerdes qué son los Sistemas 1 y 2 de Kahneman y cómo funcionan. Si estos sistemas de pensamiento son una novedad para ti, te invitamos a investigar unos minutos sobre el tema. Por ejemplo, puedes consultar nuestro libro anterior —si lo tienes— o hacer una búsqueda rápida en Google. Como resumen básico: el Sistema 1 es rápido e intuitivo (irracional), mientras que el Sistema 2 es lento y deliberado (racional). Prosigamos.

Cuando se trata de realizar esfuerzos, muchas personas autolimitan sus opciones debido a la visión demasiado primitiva y cortoplacista que tienen del ahorro. Esta limitación las lleva a adoptar comportamientos que, en lugar de reducir esfuerzos, logran el efecto contrario: fomentan su desperdicio. Este fenómeno se debe a que, en vez de evaluar el ahorro de forma racional (empleando el Sistema 2), lo hacen de forma irracional (dejándose llevar por el Sistema 1).

Este tipo de comportamientos y decisiones irracionales son producto de dos sesgos cognitivos: el sesgo de gratificación instantánea y el descuento hiperbólico.

El primer sesgo empuja a elegir las opciones que ofrecen una satisfacción inmediata, sin pararnos a considerar los beneficios superiores que se podrían obtener al esperar.

El segundo sesgo refleja la tendencia innata a devaluar las recompensas futuras —incluso cuando estas son mucho mayores de forma objetiva—, haciendo que se prioricen las decisiones impulsivas y los beneficios a corto plazo.

Ambos sesgos actúan en conjunto y mantienen a la persona atrapada en un ciclo de decisiones reactivas, donde el deseo de obtener algo rápido supera a la lógica de esperar un poco a cambio de algo significativamente mejor. Como consecuencia de esta reactividad irracional, dejamos de lado un comportamiento alternativo, más estratégico y racional, que ahorraría esfuerzos considerables a largo plazo y permitiría maximizar nuestros recursos de una forma mucho más efectiva.

No hay que olvidar que, en el ámbito de la efectividad, el ahorro rara vez es inmediato; por el contrario, suele ser diferido y acumulativo, incrementándose con el paso del tiempo. Por esta razón, casi todos los pensamientos del tipo «no merece la pena el esfuerzo de...» son engañosos. Aunque ese esfuerzo pueda parecer poco rentable en el momento, es solo a consecuencia de los sesgos anteriores, que nos impiden ver a largo plazo. En realidad, la inmensa mayoría de estos pequeños esfuerzos sí que merecen la pena y mucho, ya que, a la larga, generan un ahorro espectacular de energía y recursos.

El poder de las listas *ad hoc* reside en su capacidad para estructurar y organizar de manera sencilla todas estas pequeñas «inversiones en esfuerzo». Gracias a ello podrás integrarlas de forma natural en tu vida y tu trabajo, generando un beneficio acumulativo que mejorará tu efectividad de forma sostenida a lo largo del tiempo.

La clave es entender que estas listas no son simples herramientas organizativas. Son la puerta de entrada a un nivel superior de efectividad, que te permitirá gestionar con mayor flexibilidad y control todo lo que tengas que hacer.

16

Listas *ad hoc*:
el salto hacia la maestría

En lo que llevamos de libro hemos mencionado en varias ocasiones dos tipos de listas: las situacionales y las *ad hoc*. A lo mejor ya has imaginado que, si tienen nombres distintos, es porque tanto su finalidad como la manera de utilizarlas también lo son. Y si también te has preguntado hasta qué punto es necesario disponer de dos tipos de listas, la respuesta es que ambos son imprescindibles.

En *Recupera tu vida con una mente extendida* explicábamos con todo detalle la razón de ser y el funcionamiento de las listas situacionales®. Sin embargo, apenas profundizábamos en las listas *ad hoc*. De estas, solo mencionábamos las tres que son imprescindibles en toda mente extendida («Resultados», «Actividades delegadas» y «Por reevaluar»). Si te preguntas a qué viene tanto secretismo, lo descubrirás en un momento, aunque podemos adelantarte que fue por razones didácticas.

Una de estas razones es que, al acercarse por primera vez a la efectividad, la mayoría de la gente usa entre ninguna y tres listas: la de «tareas», la de la compra y una tercera cuyo contenido varía según la persona. Al margen de esto, si les preguntamos cómo definirían su experiencia usando listas, las respuestas serían muy poco entusiastas (lo sabemos porque lo hemos hecho).

Adonde queremos ir a parar es a que la mayoría de las personas llegan a la efectividad acostumbradas a usar muy pocas listas, ninguna de las cuales les ha proporcionado jamás una experiencia de uso como para tirar cohetes. ¿De qué modo crees que reaccionan cuando les propones construir y utilizar una mente extendida en la que tendrán —con facilidad— dos o tres decenas de listas? Bien, pues ahora imagina que, en lugar de unas pocas decenas, les dijeras que esa cifra se ampliará con el tiempo hasta casi llegar a un centenar o incluso más. O, mejor, deja de imaginártelo, que te va a dar algo. Si tienes una ventana cerca, ábrela y respira profundamente, que te lo has ganado; luego sigue leyendo.

Bromas aparte, en nuestro primer libro dedicamos mucho tiempo, cariño y esfuerzo a demostrar que tener el número adecuado de listas situacionales® (cuantas menos mejor y, sobre todo, todas las necesarias) no es solo una magnífica idea sino una práctica excelente que, con seguridad, cambiará tu vida para bien.

Como éramos conscientes de que todo tiene un límite —incluyendo la capacidad de cambio—, preferimos no arriesgar y detenernos allí, dejando las listas *ad hoc* para mejor ocasión. Y la mejor ocasión es este libro, ya que las listas *ad hoc* son una herramienta clave para la ejecución, no solo de tus planes o de tus actividades en general, sino también de tus procesos, procedimientos y *workflows*.

Una razón adicional por la que inicialmente nos centramos solo en las listas situacionales® es que son el punto de entrada perfecto a la mente extendida. Al estar asociadas a situaciones cotidianas —de ahí su nombre—, las personas no tienen que efectuar cambios drásticos en su vida, sino un único cambio que, además, es muy sencillo. De hecho, se trata de que sigas haciendo en esas situaciones lo mismo que hacías antes, solo que incorporando un pequeño detalle: consultar la lista situacional® correspondiente.

En otras palabras, para adoptar esta innovación disruptiva en efectividad solo necesitarás desarrollar un hábito: consultar la lista situacional® correspondiente cada vez que cambies a una nueva situación. Si, por ejemplo, quieres acordarte de algo al llegar a casa, anotarás un recordatorio en tu lista situacional® «Al llegar a casa»; una lista que, lógicamente, consultarás cada vez que llegues a casa. Más sencillo, imposible, ¿verdad?

Resumiendo lo dicho hasta ahora, la razón por la que centramos nuestra atención en las listas situacionales®, dejando en segundo plano las *ad hoc*, es que:

a) Son comparativamente pocas.

b) Su adopción es muy sencilla, pues solo requiere desarrollar un hábito.

Sin embargo, cuando hablamos de las listas *ad hoc*, todo lo anterior cambia de manera sustancial. Ten en cuenta que, a diferencia de las listas situacionales® —que solo tiene sentido utilizar para situaciones habituales relativamente frecuentes—, la utilidad de las listas *ad hoc* es virtualmente ilimitada.

Además, al no existir ningún vínculo entre su uso y otros hábitos ya existentes, es necesario desarrollar hábitos nuevos. Dicho de otro modo, la enorme versatilidad de las listas *ad hoc* es a la vez su mayor ventaja y su principal inconveniente: si ya has integrado la utilización de una mente extendida en tu vida, disfrutarás sin esfuerzo de una herramienta increíble; en caso contrario, solo aprovecharás una pequeña fracción de todo su potencial hasta que desarrolles los nuevos hábitos necesarios.

Lo sabemos. Es un gran reto, pero superarlo tiene una enorme recompensa. Por eso nos gusta pensar que la plena adopción de las listas *ad hoc* es el hito que marca un gran cambio de etapa: el salto hacia la maestría en efectividad personal.

17

Características comunes de las listas *ad hoc*

Ahora que ya conoces las múltiples ventajas de las listas *ad hoc*, es el momento de profundizar un poco más en ellas. Comenzaremos abordando sus características operativas comunes y dejaremos aquellas específicas para cuando exploremos su variada tipología. Sus cuatro características comunes son las siguientes:

- **Son dinámicas:** Las listas *ad hoc* no están vinculadas a situaciones concretas habituales, lo que las hace mucho menos estáticas que las listas situacionales®. Son, en cierto modo, «orgánicas», ya que tienen un ciclo de vida propio: nacen, crecen, algunas se reproducen, y muchas desaparecen cuando dejan de ser necesarias. Esta flexibilidad les permite adaptarse continuamente a tus necesidades, evolucionando y cambiando según las circunstancias y el momento.
- **Necesitan atención:** El hecho de que sean «orgánicas» también implica que debemos «cuidarlas», como si fueran plantas, ya que, de lo contrario, se marchitarán y perderán su utilidad. Por supuesto, este cuidado es metafórico; lo que en realidad necesitarás hacer es revisarlas con atención durante tus revisiones de mantenimiento.

Esto es crucial. A diferencia de las listas situacionales®, que verás con frecuencia (cada vez que te encuentres en la situación correspondiente), las listas *ad hoc* no aparecerán de una forma evidente en tu día a día. Por tanto, la única manera de que tu mente sepa que existen —y se acuerde de consultarlas siempre que tenga sentido— es revisarlas con regularidad en tus revisiones de mantenimiento.

Es posible que te preguntes si también es necesario revisar el contenido de estas listas durante las revisiones. La buena noticia es que en muchos casos no es necesario, a menos que desees hacerlo por cualquier motivo, como por ejemplo para actualizarlo o comprobar que esté completo. Por lo general, bastará con revisar con regularidad qué listas *ad hoc* tienes, para que tu mente tome conciencia de su existencia y se acuerde de consultarlas cuando se den las circunstancias adecuadas.

- **Son flexibles:** En cuanto a dónde organizarlas, la respuesta dependerá del tipo de lista. Como verás al explorar su tipología, existen muchas opciones para su organización. Estas opciones no son ni mejores ni peores, simplemente son distintas, lo que te permitirá elegir la que mejor se ajuste a tus necesidades en cada momento.

- **Son versátiles:** Finalmente, respecto a cómo utilizarlas, dependerá del tipo de lista *ad hoc* del que se trate. Existen varios tipos que cumplen funciones diferentes: desde listas que gestionan recordatorios puntuales hasta aquellas que controlan actividades recurrentes o resultados a largo plazo. La especificidad de cada lista permite que se adapten a tus necesidades concretas, ayudándote a mantener un control claro y efectivo sobre distintas áreas de tu vida o trabajo. Iremos detallando cada tipo de lista a medida que avancemos.

Ahora que conoces sus características principales, ya tienes todo lo necesario para explorar con curiosidad y confianza el fascinante mundo de las listas *ad hoc.*

¡Vamos a ello!

18

Una lista *ad hoc* para cada necesidad

Como comprobarás en un instante, hay una lista *ad hoc* para cada necesidad, ya que estas listas permiten gestionar de manera efectiva cualquier situación que no tenga cabida en tus listas situacionales®. De hecho, cuando dudes en qué lista situacional® colocar un recordatorio, casi siempre será porque debería ir en una lista *ad hoc* que aún no has creado.

La tipología que descubrirás a continuación no pretende ser exhaustiva, ya que estamos seguros de que aún quedan muchas listas *ad hoc* por descubrir. Como referencia, considera que cualquier lista que te ayude a gestionar recordatorios y no sea situacional es, por definición, una lista *ad hoc*.

Otro aspecto importante de estas listas es su versatilidad: puedes combinar o anidar listas *ad hoc* de varios tipos para crear las listas específicas que necesites. Sin embargo, recuerda que el elemento común a todas ellas es la necesidad de revisarlas con regularidad. Si no lo haces con la frecuencia adecuada, cuando llegue el momento de consultarla, tu mente no recordará que la lista existe, ya sea porque la has visto pocas veces o porque hace demasiado que no la ves; en la práctica, será como si no la tuvieras. Aunque al principio la idea de revisarlas te resulte tediosa, pronto descubrirás que esta práctica te llevará menos tiempo del que imaginas y será una inversión mínima con grandes beneficios a largo plazo.

Antes de entrar en detalle sobre la tipología, hay dos aspectos clave a los que tendrás que prestar atención: los nombres de las listas *ad hoc* y el contenido de sus recordatorios. Ambos son cruciales para que estas listas sean de verdad efectivas.

Es fundamental elegir los nombres adecuados. Aunque parezca sencillo, no lo es. Si nunca has usado una mente extendida, lo habitual es que los primeros nombres que se te ocurran sean de listas tipo archivo, como «personal», «profesional», «casa», «trabajo», «importante», «urgente», «prioritario», etc. Estas categorías son útiles para gestionar documentación, pero son por completo inútiles para gestionar recordatorios de manera efectiva. Las listas *ad hoc* —y el resto de las listas de la mente extendida— deben tener nombres completos, descriptivos de su contenido y, siempre que sea posible, motivadores, como verás en los ejemplos que exploraremos a continuación.

Lo mismo sucede con los recordatorios: redáctalos con claridad y emplea la cantidad de palabras adecuada —aplicando la regla de oro de la efectividad—. No olvides que el objetivo de usar recordatorios es que no necesites pensar en algo más de una vez para un mismo fin; si al leerlo un tiempo después de haberlo escrito te surgen dudas, necesitas concretar algo, tomar una decisión pendiente o buscar información que falta, entonces es que lo habías redactado mal.

Por eso, dedicar la atención necesaria a nombrar bien tus listas *ad hoc* y redactar con esmero sus recordatorios es una de las mejores inversiones que puedes hacer para que la ejecución de tus planes, procesos, procedimientos y *workflows* avance como deseas.

Otro detalle importante es que, a diferencia de las listas situacionales®, que solo contienen recordatorios de actividades, las listas *ad hoc* pueden contener todo tipo de recordatorios: actividades, resultados o incluso «material». Profundizaremos sobre esto cuando expliquemos cada uno de los tipos.

Para finalizar, recuerda que los ejemplos que te mostraremos son solo eso: ejemplos. Hay muchas formas correctas de nombrar una misma lista *ad hoc*, por lo que, si no te convencen, no tienes por qué usar los mismos nombres que nosotros. Mientras te asegures de que la redacción de los nombres que elijas sea clara, descriptiva y motivadora, puedes llamarlas como más te guste.

19

Un alto en el camino para ganar perspectiva

Antes de adentrarnos en las tipologías específicas de las listas *ad hoc*, hacemos un alto en el camino para ganar perspectiva. Hay algunos conceptos clave del método OPTIMA3® que es imprescindible refrescar, ya que son la base de todo el sistema y solo teniéndolos claro podrás sacar el máximo provecho de estas listas.

Después de repasar estos conceptos clave, a continuación encontrarás también una tabla-resumen con las diferentes categorías de listas *ad hoc*, sobre las que profundizaremos en los próximos capítulos.

Tabla-resumen de conceptos clave del método OPTIMA3®

Concepto	Descripción
Cosa	Cualquier elemento físico, mental o digital de tu entorno (decoración, documentación, herramientas, mobiliario y suministros).
Objeto	Cualquier cosa con un significado especial para ti. Con el fin de evitar que genere ruido mental, tendrás que pensar y decidir sobre él. Si decides hacer algo al respecto, lo transformarás en actividades o resultados.
Aparcar	Dejar un recordatorio temporal de un *objeto* —en el mismo instante en que aparece— en alguno de los lugares específicos designados para ello.
Aparcamiento	Cada uno de los lugares específicos designados para *aparcar objetos* o recordatorios temporales de ellos.
Actividad	Lo que harás para que algo avance o se complete. Tiene que ser físico, visible, «tachable» (se hará de una sentada) y real (se podrá hacer sin completar antes ningún paso previo).
Resultado	Lo que conseguirás al completar una serie de actividades. Un resultado es real cuando existe al menos una actividad relacionada con él.
Material	Cualquier cosa que necesites en relación con algún recordatorio de tu mente extendida.

Recordatorio (en una mente extendida)	Texto escrito, físico o digital, que te recordará, cuando lo leas, algo previamente pensado y decidido.
Lista (en una mente extendida)	Soporte físico o digital en el que anotarás recordatorios.
Lista situacional®	La que consultarás siempre que te encuentres en una situación habitual concreta. Solo puede contener recordatorios de actividades.
Lista *ad hoc*	La que consultarás en cualquier situación no habitual cuando lo consideres adecuado. Puede contener cualquier tipo de recordatorio.
Consultar (una lista)	Mirar para elegir qué hacer (uso operativo).
Revisar (una lista)	Analizar para pensar y decidir sobre su contenido o sobre la propia lista (uso estratégico).

Estas son las categorías de listas *ad hoc* que veremos con más detalle a continuación:

Categoría de listas *ad hoc*	Contienen	Tipos
De apoyo a la ejecución	Material	Lote Almacén

Para situaciones puntuales o infrecuentes	Recordatorios de actividades y resultados	*Standby*:
		• De un solo uso
		• De uso infrecuente:
		  ○ Con activación periódica:
		    ▪ Fija
		    ▪ Relativa
		  ○ Con activación variable

Para gestionar procesos, procedimientos y *workflows*	Recordatorios de actividades y resultados ordenados en secuencias	Guion: • De proceso • De procedimiento • De *workflow*

Ahora que tienes una visión más clara sobre el contenido de las listas *ad hoc* y sus tipos, es el momento de profundizar en las primeras de ellas: las listas de apoyo a la ejecución, esenciales tanto para gestionar planes, procesos, procedimientos o *workflows*, como para completar actividades cotidianas.

20

Listas de apoyo a la ejecución

La primera categoría de listas *ad hoc* que exploraremos son las que llamamos, de manera genérica, «Apoyo a la ejecución». Estas listas te serán útiles no solo para ejecutar tus planes, procesos, procedimientos o *workflows*, sino también para completar actividades cotidianas fuera de estos.

Un elemento común a todas estas listas es que comparten el objetivo de servir de apoyo, aunque no todas lo hacen de la misma manera. El otro elemento común es que solo contienen «material» y que, además, son las únicas listas *ad hoc* que lo pueden contener.

Como hemos visto, el concepto «material» es transversal al método OPTIMA3® y se refiere a cualquier cosa que necesites en relación con un recordatorio de tu mente extendida. Sin embargo, en el caso concreto de las listas *ad hoc* de apoyo a la ejecución distinguiremos entre dos tipos de «material»: permanente y temporal.

La diferencia entre ambos tipos de «material» es muy sencilla:

- El «material permanente» es siempre «material» y solo «material», desde que aparece en una lista hasta que lo tachas o lo borras; no puede ser nada más.
- El «material temporal» es «material» solo durante un tiempo; luego, cuando se den determinadas circunstancias (que veremos

más adelante), dejará de ser «material» y se transformará en actividad o resultado.

Por otra parte, las listas *ad hoc* de apoyo a la ejecución pueden ser de dos tipos, en función del material que contienen: lote o almacén. Estos dos tipos de material los puedes combinar como quieras, dependiendo de tus necesidades.

Lo que sí es muy importante es que, a partir de ahora, recuerdes que la diferenciación entre «material permanente» y «material temporal» solo se hace para distinguir entre los dos tipos de lista *ad hoc* de apoyo a la ejecución; en el resto de los casos, el material siempre es permanente y nos referiremos a él solo como «material», sin especificar nada más.

Una vez aclarados estos detalles, podemos profundizar en las características de cada tipo, empezando por las listas tipo lote.

Las listas *ad hoc* tipo lote

Un vaso lleno de agua hasta la mitad estará medio lleno para algunas personas y medio vacío para otras; del mismo modo, habrá quien opine que las listas *ad hoc* tipo lote sirven para consolidar y quien opine que son para desglosar. Puedes elegir la que prefieras porque, al igual que ocurre con el vaso, es solo una cuestión de perspectiva y no afecta a la utilidad de este tipo de listas: integrar de manera óptima elementos similares o relacionados entre sí.

Las listas *ad hoc* tipo lote contienen «material permanente», lo que significa que su contenido será siempre «material» (cosas que necesitarás en relación con algún recordatorio de tu mente extendida), mientras la lista en cuestión exista. Además, este «material» será siempre el mismo —el contenido de la lista no cambiará hasta que lo taches— mientras dure la actividad, proceso, procedimiento o *workflow* asociado.

Como comprobarás en un instante, las listas *ad hoc* tipo lote son muy versátiles y su utilidad es muy variada. Además de para cualquier uso que se te ocurra, las podrías utilizar, por ejemplo, para:

- Consolidar (o desglosar) y estructurar elementos relacionados.
- Optimizar la forma en que organizas y accedes a la información.
- Potenciar la funcionalidad y facilitar el uso de otras listas *ad hoc*.

Veamos a continuación algunos ejemplos prácticos:

- Lista de la compra: Imagina que tienes un recordatorio en alguna lista situacional® de tu mente extendida que dice «Hacer la compra». Pues bien, las cosas que quieres comprar son «material» y, como tal, lo puedes organizar donde quieras. Una opción es hacerlo en una app específica para este uso (tienes donde elegir), y otra es tener una lista *ad hoc* tipo lote llamada «Lista de la compra».
- Lista de comprobación para viajes: Otro ejemplo típico es la lista de artículos que no quieres olvidarte de llevar en la maleta siempre que viajas. Cuando vayas a completar la actividad «Hacer la maleta», las cosas que quieres meter en ella son «material» y, al igual que antes, se puede organizar donde tú quieras; por ejemplo, en una lista *ad hoc* tipo lote: «Cosas que meter siempre en la maleta».
- Gestión optimizada de llamadas: Las listas *ad hoc* tipo lote son también muy útiles para optimizar la forma en que organizas y accedes a la información. Por ejemplo, si necesitas llamar a una docena de personas para comentarles un tema determinado,

una opción es incorporar doce recordatorios a la lista situacional® correspondiente e ir tachándolos a medida que completes las llamadas:

- ○ ☐ Llamar a Fulanita para comentarle X
- ○ ☐ Llamar a Zutanito para comentarle X
- ○ ☐ Llamar a Menganita para comentarle X
- ○ ☐ Etcétera

Esta forma de hacerlo es correcta, sobre todo si no dispones de la lista completa de personas al principio. Sin embargo, hay otra opción que casi siempre preferirás, que es utilizar un único recordatorio y consolidar dentro de él los nombres de las personas en una lista *ad hoc* tipo lote:

- ○ ☐ Llamar a las siguientes personas para comentarles X:

  - ▪ ☐ Fulanita
  - ▪ ☐ Zutanito
  - ▪ ☐ Menganita
  - ▪ ☐ Etcétera

- Lista «Actividades delegadas» optimizada: Además de utilizarlas en combinación con listas situacionales®, como en el ejemplo anterior, también las puedes combinar con otras listas *ad hoc*. Por ejemplo, si varias personas deben enviarte una misma documentación, una opción es poner recordatorios como estos en tu lista «Actividades delegadas»:

  - ○ ☐ Fulanita – enviarme la documentación X – (fecha en que se pidió)

- ○ ☐ Zutanito – enviarme la documentación X – (fecha en que se pidió)
- ○ ☐ Menganita – enviarme la documentación X – (fecha en que se pidió)
- ○ ☐ Etcétera

Aunque es más probable que prefieras esta otra opción, que utiliza una lista tipo lote:

- ○ ☐ Personas pendientes de enviarme la documentación X:

  - ▪ ☐ Fulanita – (fecha en que se pidió)
  - ▪ ☐ Zutanito – (fecha en que se pidió)
  - ▪ ☐ Menganita – (fecha en que se pidió)
  - ▪ ☐ Etcétera

Observa que, en ambas opciones, la fecha en que se pidió va junto a cada persona. Esto es así para que puedas hacer un seguimiento adecuado, ya que no gestionarás todas las solicitudes de la misma forma ni al mismo tiempo.

- • Lista «Por reevaluar» optimizada: Para terminar esta tanda de ejemplos, imagina que te han recomendado diversas series que aún no has decidido si verás; en este caso, podrías utilizar una lista *ad hoc* tipo lote junto con un recordatorio en tu lista *ad hoc* «Por reevaluar»:

  - ○ Decidir si quiero ver alguna de estas series:

    - ▪ Serie 1
    - ▪ Serie 2

- Serie 3
- Etcétera

Ya para terminar de ver las características principales de las listas *ad hoc* tipo lote, dediquemos un momento a su organización, uso y mantenimiento.

La organización de estas listas dependerá de la actividad, resultado, proceso, procedimiento o *workflow* al que apoyen, ya que siempre están vinculadas a ellos, como has podido comprobar en los ejemplos anteriores.

En cuanto a su uso, las listas *ad hoc* tipo lote se consultan siempre que se consulta la actividad, proceso, procedimiento o *workflow* al que están asociadas.

Y finalmente, respecto a su mantenimiento, se revisan durante la revisión de mantenimiento, bien a nivel de lista, para recordar que existen, bien a nivel de contenido para asegurarte de que esté completo y actualizado. En este análisis estratégico, revisarás todas las listas *ad hoc* tipo lote, tanto las asociadas a actividades como aquellas vinculadas a resultados o a otras listas *ad hoc*.

En resumen, las listas *ad hoc* tipo lote son una potente herramienta multiuso con la que podrás gestionar de manera óptima todo tu «material permanente». Eso sí, ¡ten cuidado porque pueden volverse adictivas!

Las listas *ad hoc* tipo almacén

En ocasiones —por ejemplo, cuando apliques la TARO3®—, identificarás actividades y resultados que en realidad aún no serán tales porque todavía no podrás hacer nada al respecto. Por consiguiente, al no ser «accionables», se considerarán «material» y no podrán estar en una lista situacional® (ni en una lista «Resultados»).

¿Qué podemos hacer entonces para no perder toda esta información, que en algunos casos podría ser valiosa en el futuro?

Aquí es donde llegan al rescate las listas *ad hoc* tipo almacén. Estas listas están específicamente diseñadas para contener material temporal, esto es, recordatorios de futuras actividades o resultados que, por ahora, no son «reales», pero que lo serán antes o después, cuando se produzcan determinados eventos relacionados con la ejecución del plan. Hasta que llegue ese momento, puedes considerar este material como los precursores de las actividades o resultados en los que se transformarán más adelante.

La lista «Cuando haya elegido al proveedor» que creamos al final del ejemplo de la TARO3® es una excelente muestra de la utilidad de las listas *ad hoc* tipo almacén. Gracias a ella, pudiste «almacenar» recordatorios de actividades que aún no eran tales pero que lo serán más adelante; en este caso, cuando elijas al proveedor.

Como es lógico, el contenido de estas listas *ad hoc* tipo almacén se organiza aplicando los mismos principios que al resto del material (es decir, donde sea fácil y rápido recuperarlo cuando lo necesites). Es importante, sin embargo, que tengas en cuenta que será una organización temporal. En algún momento posterior, este material dejará de serlo y se convertirá en actividad o resultado (por eso decimos que es material temporal). Cuando esto ocurra, deberás reorganizarlo en otro sitio, separado del material. Este otro sitio será el que le corresponda de forma natural como actividad o resultado.

Retomando el ejemplo que acabamos de ver, el recordatorio «Confirmar con él que pedirán una licencia de obras menores» será material solo hasta que elijas al proveedor. A partir de ese momento se convertirá en una actividad (porque podrás hacerla) y, por tanto, ya no podrá permanecer como material en una lista *ad hoc* tipo almacén. Una posible forma de reorganizar este recordatorio una vez transformado en actividad sería en una lista situacional® «Cuando hable con el proveedor» u otra similar. Veremos un ejemplo completo con todas las opciones disponibles más adelante, una vez conozcas todos los tipos de listas *ad hoc*.

En lo que se refiere a su uso, las listas *ad hoc* tipo almacén nunca se consultan (ya que no contienen nada que se pueda hacer). De hecho, en realidad no se «usan», ya que su función es otra: almacenar precursores de futuras actividades y resultados. Pero es fundamental revisarlas como parte de tus revisiones de mantenimiento, ya que su utilidad depende en gran medida de ello. Durante estas revisiones detectarás si alguno de los recordatorios que contienen ha dejado de ser material y ha pasado a ser actividad o resultado. Siempre que esto ocurra, necesitarás mover esos recordatorios a otra lista, la que corresponda.

Puede que te estés preguntando si no podrías hacer este movimiento en el mismo momento en que se produzca la transformación (por ejemplo, nada más elegir al proveedor, mover a otra lista el recordatorio de confirmar con él que pedirá la licencia de obras menores). Aunque esto es posible y puede tener sentido en ocasiones, ten cuidado. Lo ideal es aparcar un recordatorio temporal para hacer el cambio de lista más adelante o esperar a la próxima revisión de mantenimiento, ya que hacerlo en el momento es una mala práctica que dificulta trabajar con enfoque.

En definitiva, las listas *ad hoc* tipo almacén son una herramienta esencial para gestionar el material temporal que más adelante se transformará en actividades o resultados. Asegúrate de revisarlas con la frecuencia adecuada y mantenerlas actualizadas para aprovecharlas al máximo.

21

Listas para situaciones
puntuales o infrecuentes

El siguiente tipo de listas *ad hoc* que exploraremos son las listas tipo *standby*. Estas listas son especialmente útiles para gestionar recordatorios que solo necesitarás encontrar cuando se den ciertas circunstancias futuras. A diferencia de otras listas que es necesario consultar de manera habitual —como, por ejemplo, las listas situacionales®—, las listas tipo *standby* te permiten «olvidarte» de temas que no requieren tu atención inmediata, con la seguridad de saber que te ocuparás de ellos cuando las circunstancias sean las adecuadas.

Como a veces estas listas se pueden confundir con las listas tipo almacén que vimos en el capítulo anterior, vamos a ver a continuación algunas diferencias.

Una primera diferencia es que las listas tipo *standby* contienen actividades y resultados, mientras que las listas tipo almacén contienen material.

Otra diferencia es que el contenido de las listas tipo *standby* depende de diversas circunstancias, mientras que el de las listas tipo almacén depende de ti y, en concreto, de que completes otras actividades y resultados. Por ejemplo, una lista tipo *standby* «Cuando llegue la primavera» depende de que llegue la primavera, mientras que una lista tipo almacén «Cuando haya elegido al proveedor» depende de que tú elijas al proveedor.

Veremos una última diferencia más adelante en este capítulo.

Dentro de las listas *ad hoc* tipo *standby*, podemos distinguir dos subtipos según su propósito y la frecuencia con que las utilizamos:

- **Listas de un solo uso (o «de usar y tirar»):** Estas listas se crean para una única ocasión o evento específico, ya que permiten agrupar todas las actividades y resultados relacionados con una circunstancia particular que se dará solo una vez. Por ejemplo: «Cuando hayamos terminado el manuscrito del segundo libro», «Cuando acabemos de pagar la hipoteca» o «Cuando esté operativa nuestra nueva web». Una vez hayan cumplido el propósito para el que fueron creadas, se eliminarán.

  Estas listas son también muy útiles para «pausar» resultados, tal y como explicábamos en «Recalibrar tu estrategia desde una perspectiva global». Imagina que tenías varios resultados en marcha cuando ocurre la inundación del ejemplo de la TARO3®. Al hacer tu revisión de mantenimiento te das cuenta de que la reforma del baño acaparará buena parte de tu atención las próximas semanas y que ello te impedirá avanzar con algunos de los resultados que tenías activos. La buena práctica es «pausar» estos resultados y mover sus recordatorios a una lista tipo *standby* «Cuando termine la reforma del baño», donde los mantendrás hasta que esto ocurra, momento en el que podrás restituirlos a la lista «Resultados».

- **Listas de uso infrecuente:** Estas listas se consultan en situaciones que no ocurren de forma regular, pero que se repetirán en algún momento. Dependiendo de cómo se activan, podemos distinguir tres subtipos:

○ **Listas con activación periódica fija:** Estas listas se activan en una fecha específica cada cierto tiempo, con independencia de cuándo se complete su contenido. Por ejemplo, una lista como «Cuando llegue la primavera» se activará cada año el primer día de primavera. Sin embargo, los recordatorios que contenga podrán completarse ese mismo día o en cualquier otro momento a partir de esa fecha. En estas listas, la recurrencia está determinada por la fecha de activación de la lista, no por cuándo se completa su contenido.

○ **Listas con activación periódica relativa:** Estas listas se activan de manera regular a partir del momento en que se completa su contenido. Por ejemplo, si llevas tu mascota al veterinario una vez al año, la lista «Cuando lleve la mascota al veterinario» se activará de nuevo un año después de la última visita, con independencia de cuándo se activó la lista el año anterior (ya sea justo doce meses después o con algún retraso o adelanto). En este caso, la recurrencia está marcada por la fecha en que se completa el contenido, no por la fecha de activación de la lista.

○ **Listas con activación variable:** Estas listas se activan en función de circunstancias que, aunque no están predefinidas, sabes que ocurrirán tarde o temprano. Por ejemplo, una lista como «Cuando lleve el coche al taller» se activará a intervalos variables, dependiendo del kilometraje, de una posible avería, etc. Algo parecido ocurrirá con otras listas semejantes como «Cuando pintemos la casa», «La próxima vez que vaya a comprar un móvil» o «En mi próxima visita a Roma». Como la recurrencia de estas listas depende, al menos en parte, de factores externos, es independiente tanto de la fecha de activación de la lista como de la fecha en que se completa su contenido.

Una vez definidos los subtipos de listas *ad hoc* tipo *standby*, veamos cómo organizar en tu mente extendida todas ellas, ya que, al contener actividades y resultados, no se pueden organizar como material.

Nuestra recomendación es crear una categoría específica llamada «listas *ad hoc*», en la que además podrás organizar también listas *ad hoc* de otros tipos que luego explicaremos.

La ventaja de hacerlo así es que facilitará el acceso a ellas, al estar claramente diferenciadas de las listas situacionales® y de las tres listas *ad hoc* imprescindibles —«Resultados», «Actividades delegadas» y «Por reevaluar»—, que aconsejamos mantener separadas del resto de las listas.

Retomemos ahora la diferencia que nos faltaba por explicar y que tiene que ver con su uso. Las listas tipo *standby* se consultan cuando se dan ciertas circunstancias futuras, mientras que, por el contrario, las listas tipo almacén nunca se consultan.

En cuanto a su mantenimiento, en el caso de las listas tipo *standby* es aún más relevante lo que comentábamos en el capítulo «Características comunes de las listas *ad hoc*»: hay que revisarlas con regularidad en cada revisión de mantenimiento.

No olvides que estas listas no aparecerán en tu día a día de manera habitual y que revisarlas con la frecuencia adecuada es la única forma de que tu mente sepa que existen y se acuerde de consultarlas cuando se den las circunstancias para ello.

En resumen, las listas *standby* son la manera más sencilla y efectiva de gestionar aquellos recordatorios que no requieren atención constante y que esperan el momento oportuno para ser consultados. Ya sean de un solo uso o de uso infrecuente, este tipo de listas *ad hoc* te permitirán liberar tu mente de preocupaciones innecesarias, sabiendo que todo estará en su sitio cuando llegue el momento de actuar.

Ahora que conoces cómo funcionan y cómo pueden ayudarte, te invitamos a experimentar con ellas para que puedas comprobar el enorme valor que aportarán a tu organización personal. En serio, no subestimes el poder de las listas *standby*: aunque su nombre dé a entender que están «en espera», lo cierto es que estarán siempre preparadas para ayudarte en cuanto las necesites.

22

Listas para gestionar procesos, procedimientos y *workflows*

En el mundo de la productividad parece haberse instalado la creencia de que las apps son la solución mágica a todos nuestros problemas. La realidad es bien distinta: no existe ninguna app capaz de mejorar tu efectividad por sí sola. Para que una app sea realmente útil, debe estar respaldada por un proceso, un procedimiento o un *workflow* efectivo. Está claro que una buena app puede facilitar su aplicación, pero también es cierto que jamás podrá subsanar sus ineficiencias o errores de diseño. La tecnología es una herramienta poderosa, pero solo cuando está sustentada en una base sólida. Por desgracia, en muchas organizaciones sobran apps deficientes y faltan procesos, procedimientos y *workflows* adecuados.

Si cuentas con un buen repertorio de estos últimos, y los usas de la forma adecuada, podemos garantizarte que tu efectividad se disparará hasta niveles insospechados y a los que nunca te conducirá ninguna app.

Precisamente por esto, el siguiente tipo de listas *ad hoc* que exploraremos son las listas tipo guion, que son especialmente útiles para gestionar las secuencias de actividades y resultados que forman parte de estos procesos, procedimientos y *workflows*.

Por otra parte, recuerda que, en el ámbito de la efectividad personal, tener clara la diferencia entre un plan y un proceso, un procedimiento o un *workflow* es crucial. Los planes siempre cambiarán durante su ejecución porque surgirán imprevistos reales —situaciones que era imposible prever de antemano— que obligarán a ello. Por el contrario, los procesos, procedimientos o *workflows* no cambiarán o, si lo hacen, será siempre dentro de unos márgenes ya previstos.

Casi todo el trabajo cotidiano es ampliamente previsible. Sin embargo, como la mayoría de las personas no tiene el hábito de prever, lo suelen percibir como si fuera imprevisible. Por eso, si preguntáramos a estas mismas personas si creen que en su trabajo son más necesarios los planes o los procedimientos, casi seguro que responderían que los planes. Esta discrepancia entre percepción y realidad se debe a que confunden «lo imprevisible» con «lo que no han previsto». En otras palabras, casi todo lo que hasta ahora has venido considerando «proyectos» deberían ser en realidad una combinación de procesos, procedimientos y *workflows*.

Una de las mayores ventajas de trabajar con estas tres herramientas es que te obligan a anticipar, transformando ese mundo supuestamente «imprevisible» en otro que ya no lo es. Esta transformación no solo cambiará tu forma de trabajar, sino que te proporcionará también una inmensa sensación de control y tranquilidad, al saber que estás en óptimas condiciones para hacer frente a lo que venga.

Además, adoptarlas hará que tu vida sea mucho más tranquila y sosegada. En vez de vivir en modo *crisis-triggered* —reaccionando sin parar ante una emergencia tras otra—, lo harás en modo *expected-events-triggered*, donde la mayoría de las situaciones en las que te encuentres estarán previstas de antemano y te resultarán cómodas de gestionar. Este cambio radical será además el que te permitirá enfocarte en lo que de verdad es importante para ti y desempeñará un papel esencial en la ejecución de tus resultados.

Otra gran ventaja de trabajar con estas herramientas es que evitarán que procrastines, ya que, como hemos comentado en varias ocasiones, casi nunca procrastinas porque lo que tienes que hacer sea difícil, sino porque aún no has pensado y decidido qué es lo que tienes que hacer en concreto. Utilizar procesos, procedimientos y *workflows* te ahorra tener que realizar este trabajo previo una y otra vez, liberando tu mente y permitiéndote avanzar con rapidez y confianza.

Las listas *ad hoc* tipo guion

Hay un tipo específico de listas *ad hoc* para ayudarte a implantar estas tres herramientas: las listas tipo guion. Reciben este nombre porque, en la práctica, la expresión «seguir el plan» carece de sentido. Recuerda que los planes, si lo son de verdad, se escriben en su mayor parte sobre la marcha, por lo que no pueden seguirse. Por el contrario, la expresión «seguir el guion» sí tiene sentido, porque el guion no cambiará mientras lo sigues, y de ahí que hayamos elegido este nombre.

La principal característica que diferencia a las listas tipo guion del resto de las listas *ad hoc* que hemos visto hasta ahora es que, además de recordatorios de actividades y resultados, también contienen secuencias, que son una gran ayuda para la ejecución.

Por ejemplo, nosotros utilizamos listas *ad hoc* tipo guion para la organización de nuestros cursos, ya que el trabajo que hay que realizar es siempre el mismo para cada tipo de formación. Si tienes en cuenta que realizar un curso implica completar entre cuarenta y cincuenta actividades y que, en ocasiones, podemos llevar hasta diez o doce cursos en paralelo, eso significa gestionar un volumen de entre cuatrocientos y seiscientos recordatorios solo para esta faceta de nuestro trabajo. Esto no hay memoria humana que lo gestione, y menos aún sin estrés. La única manera de poder completar todas las actividades en el tiempo y la forma adecuadas, y sin perder ni por un instante la paz mental, es desconfiar de nuestra memoria y utilizar listas *ad hoc* tipo guion en su lugar.

Te invitamos a pensar en cualquier secuencia de actividades que tengas que completar en más de una ocasión: preparar un viaje, elaborar una oferta, hacer una factura, organizar un evento, redactar y distribuir un comunicado, etc. Y no solo eso. También son aplicables a cualquier serie de instrucciones sobre cómo hacer lo que sea: programar un termostato, hacer un trámite de la Administración, configurar algún programa o dispositivo, etc. Hay literalmente cientos de potenciales listas *ad hoc* tipo guion a tu alrededor esperando a que las descubras y mejores así tu vida.

Una forma útil para muchas personas de pensar en este tipo de listas *ad hoc* es considerarlas como plantillas o documentos maestros que se pueden reutilizar y ajustar en función de las necesidades. Del mismo modo que una plantilla te ahorra tiempo y esfuerzo al evitar que empieces desde cero cada vez, estas listas *ad hoc* tipo guion te permitirán abordar cualquier proceso, procedimiento o *workflow* con una estructura ya definida. Así no tendrás que preocuparte por olvidar ningún paso, y a medida que las uses y perfecciones, podrás adaptarlas con facilidad a nuevas circunstancias o mejorar su eficiencia.

A medida que pase el tiempo, estas listas *ad hoc* evolucionarán contigo, convirtiéndose en herramientas cada vez más afinadas que reflejarán tus aprendizajes y avances. Con ello, no solo estarás optimizando tu trabajo actual, sino que también estarás diseñando un ecosistema personalizado de efectividad que redundará en beneficio de tu bienestar a medio y largo plazo.

Porque lo mejor de estas listas *ad hoc* es eso: que no solo aumentarán tu eficiencia de forma inmediata y directa —al permitir que pienses y decidas solo una vez—, sino que seguirán incrementando tu efectividad y tu bienestar a medida que las utilices. Esto es así porque cuanto más trabajes con ellas, más fácil te resultará detectar mejoras en los procesos, procedimientos y *workflows* relacionados, ya que tu mente estará libre de tener que pensar, decidir y recordar constantemente.

Cuando dejas de pensar y decidir sobre las mismas cosas una y otra vez, lo que haces es liberar «espacio mental». Y ese espacio mental liberado se convierte en un lugar mágico, uno en el que tiene lugar la mejora iterativa, creativa y serendípica de la efectividad hasta alcanzar límites insospechados.

En cuanto a dónde organizar las listas *ad hoc* tipo guion, lo más cómodo y efectivo es hacerlo junto a las listas tipo *standby* dentro de la categoría «listas *ad hoc*» que comentábamos en el capítulo anterior. La decisión de mantener juntas las listas *ad hoc* de ambos tipos o separarlas por tipo es una cuestión de preferencias personales, así que lo dejamos a tu elección.

El uso de estas listas es evidente: cada vez que te veas en la necesidad de llevar a cabo un proceso, procedimiento o *workflow* para el que tengas una lista *ad hoc* tipo guion (con el tiempo, deberían ser todos ellos).

Y en cuanto a su mantenimiento, ocurre lo mismo que con las listas tipo *standby*: o las revisas con regularidad en cada una de tus revisiones de mantenimiento, o tu cerebro no se acordará de que existen —y, por consiguiente, no las utilizarás— cuando se den las circunstancias adecuadas para ello.

En resumen, las listas *ad hoc* tipo guion son mucho más que simples colecciones de recordatorios y secuencias: son una amplia y variada colección de guías prácticas completas que te ayudarán a transformar un trabajo potencialmente caótico en sencillas series de actividades con las que siempre avanzarás en la dirección correcta. Gracias a utilizar estos útiles guiones, comprobarás cómo lo previsible será cada vez más fácil de gestionar y lo imprevisto, cada vez menos frecuente en tu vida.

23

Las listas *ad hoc*
y el ejemplo de la TARO3®

Como apuntábamos al comienzo de esta tercera parte del libro, lo habitual en el uso cotidiano de las listas *ad hoc* no es utilizar las de cada tipo de forma aislada, sino combinar unas con otras.

Una buena muestra de cómo aprovechar estas listas en conjunto para facilitar la ejecución de tus planes la tienes en el ejemplo que utilizábamos para la TARO3®. Allí hay diversas listas de apoyo a la ejecución, tanto del tipo almacén como del tipo lote.

A medida que avances hacia la consecución de tu resultado, el contenido de estas listas tipo almacén cambiará y será preciso moverlo a otro tipo de ubicación, que en ocasiones podrá ser una lista tipo *standby*.

Pero analicemos el ejemplo en detalle, ya que nos servirá para entender mejor y a su vez resumir todo lo que hemos visto hasta ahora sobre las listas *ad hoc*.

Como recordarás, en la parte final de la fase 3 del ejemplo (Consolidar), y una vez que habías puesto los recordatorios de las actividades y del resultado en sus listas correspondientes, aún quedaba en tu mapa mental bastante información valiosa que querías conservar, ya que te será de utilidad más adelante, a medida que progreses hacia tu resultado.

La forma adecuada de conservar toda esta información es organizarla como material en una o más listas *ad hoc* de apoyo a la ejecución (ya que no es accionable). Aunque podríamos haberlo hecho de otra manera, también correcta, nosotros optamos por organizarla en cinco listas: tres tipo almacén y una tipo lote, todas ellas anidadas a su vez dentro de otra lista tipo almacén:

- «Temas sobre la reforma del baño para tener en cuenta más adelante» (tipo almacén):

  - «Cuando haya elegido al proveedor» (tipo almacén).
  - «Cuando hayan quitado todo el mobiliario antiguo del baño» (tipo almacén).
  - «Cuando hayan terminado la reforma» (tipo almacén).
  - «Lista de elementos incluidos en la reforma» (tipo lote).

Como decíamos, todas estas listas se organizarán inicialmente como «material» al finalizar la TARO3®. Sin embargo, una vez comiences a avanzar y hayas elegido el proveedor, la lista asociada («Cuando haya elegido al proveedor») dejará de contener material y pasará a contener actividades. A partir de ese momento, deberás reorganizarla en otro sitio, fuera de «material». Hay dos posibles maneras de hacerlo.

Si prevés hablar con el proveedor con regularidad durante la reforma, lo idóneo es convertir la lista en una lista situacional® («Cuando hable con el proveedor»), y ponerla junto al resto de tus listas de este tipo.

En caso contrario, podrías convertirla a una lista *ad hoc* tipo *stand-by* —de un solo uso o de uso infrecuente— con el mismo nombre de antes («Cuando hable con el proveedor»), pero organizada junto con el resto de tus listas *ad hoc* en vez de con tus listas situacionales®.

Ambas opciones son correctas por igual. La clave para elegir una u otra es si, para ti, consultar esta lista va a ser algo habitual durante la reforma (en cuyo caso será situacional) o va a ser algo ocasional (y entonces será *ad hoc* tipo *standby*).

Las obras de la reforma seguirán avanzando y llegará un momento en el que habrán quitado todo el mobiliario antiguo del baño. Cuando eso suceda, el contenido de la lista tipo almacén «Cuando hayan quitado todo el mobiliario antiguo del baño» se convertirá en una actividad que podrás reorganizar en alguna de las listas situacionales® que consultes de manera habitual cuando estás en casa.

De forma similar, una vez que la reforma haya terminado, el contenido de la lista tipo almacén «Cuando hayan terminado la reforma» también se convertirá en una actividad y lo reorganizarás en una de las listas situacionales® que suelas consultar cuando vayas de compras o salgas a la calle.

Por último, la lista tipo lote «Lista de elementos incluidos en la reforma» la utilizarás inicialmente cuando hables con el proveedor. Una vez lo hagas, podrás decidir si eliminarla o mantenerla para otros posibles usos (por ejemplo, para calcular lo que te ha costado equipar el baño cuando acabe la obra); en función de lo que decidas, la mantendrás en «material» o la moverás a donde tenga más sentido para ti.

Como puedes comprobar, las posibilidades que te ofrecen las listas *ad hoc* son infinitas. Por eso decimos que, utilizadas con cabeza y una pizca de creatividad, son un recurso ilimitado para maximizar tu efectividad. ¡Disfrútalas!

Epílogo

La mejor manera de predecir el futuro es crearlo.

Peter Drucker

24

Buscando la convergencia hacia la efectividad óptima

La utilidad real de lo que hemos compartido contigo en las páginas anteriores dependerá sobre todo de ti y, en particular, de dos aspectos: en qué punto de tu proceso de mejora de la efectividad personal te encuentras en este momento y cuál es el punto al que deseas llegar. Esto se debe a que no es igual la utilidad de una buena práctica que conoces pero no aplicas, que la de otra que sí aplicas; como tampoco es igual la utilidad de una buena práctica que aplicas de forma ocasional, que la de otra que aplicas de manera sistemática.

Por eso es importante que tengas claro que la mejora de la efectividad personal no es un evento, sino un proceso. Nadie pasa de repente de ser una persona inefectiva a otra efectiva, sino que avanza a lo largo de un recorrido continuo sin principio ni fin. La ausencia de extremos convierte a este proceso en una aventura infinita, en la que no caben ni la perfección total ni la imperfección completa; todo el mundo es efectivo en mayor o menor medida y nadie es perfecto.

En términos tangibles, cuando hablamos de mejorar la efectividad nos referimos a la necesidad de desarrollar una competencia, esto es, un conjunto específico de comportamientos observables y habituales que cualquier persona pueda aprender y replicar. Estos comportamientos observables y sistemáticos reciben el nombre de «hábitos». Por lo tanto, mejorar la efectividad significa expresar —demostrar de manera visible— un conjunto concreto de hábitos.

Como imaginarás, para poder expresar estos «buenos hábitos», antes hay que tenerlos. En la práctica, esto implica que, si quieres mejorar tu efectividad, tendrás que incorporar algunos nuevos, modificar parte de los que ya tienes y abandonar otros (los llamados «malos hábitos»). En definitiva, para mejorar en efectividad hay que cambiar —ya conoces la frase «quien algo quiere, algo le cuesta»—, y para eso estamos escribiendo la trilogía «Mente extendida», para ayudarte y acompañarte en esta transformación.

Cuando hablamos de desarrollar hábitos es importante entender que rara vez nos referimos a alcanzar un hito concreto, sino más bien a transitar a lo largo de un recorrido. Esto es así porque en la mayoría de los hábitos existen estados intermedios entre sus dos extremos: la ausencia total del hábito y la excelencia en su aplicación. Por consiguiente, desarrollar un hábito consiste en avanzar, tramo a tramo, desde un estado intermedio al siguiente.

Por otra parte, lo que favorece que se desarrollen determinados hábitos y no otros —y lo que también explica por qué el avance en cada uno de estos hábitos suele ser desigual— son las preferencias, necesidades y valores de cada persona. Todas estas circunstancias dan lugar a que el número de combinaciones posibles sea casi infinito.

En consecuencia, podemos afirmar que el conjunto de hábitos de una persona (junto con el estado de desarrollo de cada uno de ellos), constituye una seña de identidad única, equiparable a una huella digital. Cuando hablamos de efectividad, la frase «cada persona es un mundo» no podría ser más cierta.

Para mejorar, lo primero que necesitas es saber en qué punto te encuentras ahora mismo. Sin embargo, antes de explicarte cómo averiguar en qué punto estás en tu progreso de mejora, vamos a hacer un paréntesis para que te familiarices (o para que refresques lo que sepas sobre él) con un concepto clave: proactividad.

Como es imprescindible para seguir avanzando, te recomendamos que leas con especial atención lo que viene a continuación —y que, si quieres, subrayes y tomes notas—, ya que la proactividad es la clave de todo.

Proactividad: un punto de inflexión en tu efectividad

«Proactividad» es un término acuñado por Viktor Frankl, autor de *El hombre en busca de sentido*, y popularizado años más tarde por Stephen Covey en su obra *Los 7 hábitos de la gente altamente efectiva*. Si aún no los has leído, podrían ser una buena continuación de este libro.

Más recientemente, Edward de Bono —médico, psicólogo, filósofo, profesor universitario y autor de más de una veintena de libros— destacó la importancia del «pensamiento proactivo» (basado a su vez en el «razonamiento deliberado»). Para De Bono, este tipo de pensamiento es un enfoque más avanzado y flexible que nos prepara para afrontar la realidad de una manera creativa, ágil y en sintonía con los cambios que suceden en la vida.

El término «proactividad» nos habla de una forma de pensar, una actitud vital y un tipo de comportamiento muy concretos. Los tres elementos están vinculados, ya que la forma de pensar sustenta la actitud vital, y esta, a su vez, se refleja en un tipo de comportamiento. Todo está conectado.

Estos matices importan porque, en general, lo relevante en el campo de la efectividad son solo los comportamientos, sobre todo los que son habituales (hábitos); por eso solemos centrar en ellos nuestra atención. Sin embargo, el caso de la proactividad es una excepción, ya que en ella el tipo de pensamiento y la actitud son tan relevantes como el comportamiento. Tanto es así que comprobarás cómo las expresiones «pensamiento proactivo», «actitud proactiva» y «comportamiento proactivo» se emplean con frecuencia de manera indistinta. Este uso, aparentemente indiscriminado, tiene en realidad mucho sentido, ya que los tres elementos comparten la misma esencia.

Por otro lado, lo contrario a proactividad es reactividad, siendo ambos términos mutuamente excluyentes. Podemos aprovechar esta circunstancia para explicar de manera sencilla sus respectivas características por medio de ejemplos como los que encontrarás a continuación.

Te animamos a que los leas con sentido crítico y te sirvan como autoevaluación, siempre teniendo en cuenta que reflejan dos casos extremos y que lo normal es presentar características de ambos grupos:

- Características de una persona reactiva:

  - Actuar sin pensar.
  - No prever las consecuencias de sus actos.
  - Reaccionar de forma impulsiva frente a los problemas, a menudo con agresividad.
  - Rechazar el autoanálisis con la excusa de que cada quien es como es.
  - Pensar que su manera de ser y lo que le sucede es solo fruto de la suerte o de las circunstancias.
  - Atribuir a factores externos las causas de sus problemas y declinar cualquier tipo de responsabilidad sobre ellos.
  - Utilizar la huida y el cambio de entorno como fórmulas para resolver sus dificultades.
  - Suponer en vez de indagar.

- Características de una persona proactiva:

  ○ Pensar antes de actuar.
  ○ Ser previsora y precavida.
  ○ Anticiparse a los hechos y tomar acciones preventivas frente a las posibles dificultades.
  ○ Dar importancia al autoconocimiento y a reconocer los errores sin buscar justificaciones para ellos.
  ○ Asumir que su modo de ser y lo que le ocurre es consecuencia de sus decisiones.
  ○ Trabajar orientada a resultados y perseverar hasta alcanzarlos.
  ○ Reaccionar con reflexión ante los problemas, tomar la iniciativa para resolverlos e incluso convertirlos en oportunidades.
  ○ Constatar en vez de suponer.

A la luz de estos ejemplos, es fácil observar que el pensamiento reactivo se traduce en una actitud pasiva. Esta, a su vez, da lugar a comportamientos cuyo denominador común es limitarse a reaccionar ante lo que sucede.

Por el contrario, las personas que practican el pensamiento proactivo no se limitan a dejar que las cosas ocurran, sino que son agentes activos de su propio destino.

La buena noticia es que cualquier persona puede —si quiere— ser proactiva, ya que la proactividad no es un rasgo de carácter sino una elección consciente. Si tú aún no eres una persona proactiva, pero quieres serlo, necesitarás dar tres pasos:

1. El primero es dejar de reaccionar ante las cosas, es decir, abandonar el pensamiento, la actitud y el comportamiento reactivos.

2. El segundo paso es desarrollar la «tolerancia a la frustración», a la que nosotros preferimos llamar «aceptación». Las personas proactivas no solo practican de manera asidua el razonamiento deliberado, sino que lo hacen con optimismo y resolución. Esto es posible gracias a haber aceptado una realidad que las personas reactivas se resisten a aceptar: no es que en todo trayecto surjan dificultades, sino que las dificultades forman parte intrínseca de todo trayecto. O como nos gusta decir: «la vida es *asín*» (sí, está mal escrito, pero es a propósito).

Entender y aceptar este hecho —las cosas son como son— facilita el abandono de la queja estéril y, a su vez, predispone hacia una actitud proactiva, orientada a la previsión de las dificultades y a la búsqueda de ideas sobre cómo evitarlas —o al menos minimizarlas— para superarlas.

3. El tercer paso es aprender a detectar y a analizar patrones; la vida está repleta de ellos. Nos referimos a que la mayoría de las cosas no pasan porque sí, sino que existen causas y efectos. Las personas proactivas han aprendido a observar, detectar y analizar estos patrones; de este modo pueden aprovechar la valiosa información que se extrae de ellos. Dicho con otras palabras, han desarrollado el hábito de «alimentar» regularmente su intuición con información útil y relevante extraída de patrones.

La gran ventaja de contar con una «intuición bien informada» es que pueden prever y anticiparse; reconocer ciertos estímulos que desencadenarán procesos y determinados actos que acarrearán consecuencias. Gracias a ello, son capaces de prepararse mejor, por ejemplo, imaginando posibles estrategias de respuesta y eligiendo la más adecuada.

Ya próximos a terminar esta introducción a la proactividad, no podemos obviar lo que para nosotros es su principal beneficio: la mejora del bienestar y de la salud mental. Es un hecho: el pensamiento proactivo reduce de manera significativa el riesgo de padecer estrés o ansiedad. Si quieres profundizar en el tema, te recomendamos el estudio sobre estrés y bienestar humano de las psicólogas Stephanie Jean Sohl y Anne Moyer, «Refining the Conceptualization of an Important Future-Oriented Self-Regulatory Behavior: Proactive Coping».

Llegados a este punto, tal vez te cueste ver la relación entre lo que acabamos de contarte y la efectividad. Sin embargo, la relación es total, hasta tal punto que la mejora de la efectividad se puede definir como el proceso que ayuda a transitar desde la reactividad hasta la proactividad.

Como adelantábamos, cuando hablamos de efectividad nadie lo hace todo fatal y nadie lo hace todo perfecto. Traduciendo esto a los términos que acabas de ver, ninguna persona es por completo reactiva ni proactiva, sino que se encuentra siempre en algún punto intermedio. Sin embargo, a lo largo de este recorrido hay un punto de inflexión, un hito que marca un antes y un después: cuando lo proactivo supera a lo reactivo. En el momento que lo superas, significa que has dejado atrás la reactividad y que, aunque todavía conserves algo, eres ya una persona proactiva.

Por ahora, quédate con esta idea: lo que marca el punto de inflexión en la mejora de tu efectividad es la proactividad. No encontrarás ningún índice KPI ni OKR más poderoso que la proactividad para medir el impacto que el hecho de mejorar tu efectividad genera en tu bienestar.

Dos opciones para evaluar tu progreso

Llega ahora el momento de averiguar, si quieres, en qué punto estás en tu proceso de mejora y a qué ritmo avanzas. Para ello, necesitarás disponer de alguna herramienta de medición que te lo diga. Gracias a la comparación de tu situación actual con una referencia anterior, sabrás cuánto has progresado en ese tiempo. También obtendrás información valiosa sobre qué haces bien, qué necesitas hacer mejor y qué te falta por hacer. Sabemos, además, que este tipo de ejercicios suelen gustar mucho.

Asimismo, es posible que en algún momento, aparte de evaluar tu progreso individual, también quieras comparar tu nivel competencial en efectividad con el de otras personas, como por ejemplo tus amigos o compañeros. Los motivos pueden ser múltiples, desde la simple curiosidad a que te sirva como motivación. Por suerte, ambas mediciones son posibles, aunque precisan de herramientas distintas.

Una de estas herramientas es la autoevaluación competencial, que se utiliza para evaluar el estado alcanzado en el desarrollo de cada uno de los hábitos por una persona en particular.

La principal ventaja de esta herramienta es que ofrece una imagen individual pormenorizada con información muy útil. Disponer de un mapa competencial y mantenerlo actualizado te permite saber en todo momento qué hábitos has desarrollado, hasta qué punto lo has hecho y cuáles te quedan por desarrollar. Por decirlo de algún modo, una autoevaluación competencial es como un selfi de tu efectividad. Si además tomas estas instantáneas con regularidad y las comparas a lo largo del tiempo, evaluarás fácilmente tu progreso, identificarás fortalezas y detectarás posibles áreas de mejora.

A nosotros es una herramienta que nos encanta. Por eso nos gusta incluirla en nuestros cursos avanzados (los que corresponden a este libro y al próximo) y, por el mismo motivo, hemos querido incluir una versión reducida al final de este libro, en el anexo «Ejemplo de herramienta de autoevaluación competencial», para que tú también puedas comprobar en primera persona su potencia y sencillez (¿a quién no le gustaría sentirse bien con la persona que es?).

Si lo que deseas es hacer comparaciones dentro de colectivos, necesitarás otra herramienta. Esto es así porque el elevado número de combinaciones posibles en estos casos convierten cualquier intento de comparación utilizando la herramienta individual en una labor exigente, compleja y con una alta dosis de incertidumbre.

Aunque esta limitación carece de importancia a título personal, puede suponer un problema si, por ejemplo, trabajas para una organización que quiere evaluar el nivel competencial de sus profesionales como punto de partida para elaborar los planes de desarrollo y formación (como por ejemplo algunos de nuestros clientes).

Esto nos llevó a desarrollar una segunda herramienta, específica para estos casos, que permite evaluar y comparar con facilidad la efectividad personal dentro de cualquier grupo. Ofrece además una ventaja adicional y es que aprovecha el esfuerzo ya invertido por las personas integrantes del grupo al realizar sus autoevaluaciones competenciales individuales. El nombre de esta novedosa herramienta es «índice de proactividad OPTIMA3®» y utiliza la proactividad como único criterio de medición.

Su funcionamiento es sencillo. Toma la información existente en cada autoevaluación competencial, la evalúa en términos de proactividad y la consolida en un número. Es además una herramienta muy versátil que se puede adaptar con facilidad a diferentes necesidades. Esto resulta particularmente útil cuando el tamaño o el grado de homogeneidad del grupo son muy distintos de los habituales.

Podríamos seguir contándote detalles sobre sus fundamentos teóricos, los criterios de evaluación o las fórmulas de cálculo, pero no queremos aburrirte y, además, se aleja del contenido de este libro. De hecho, lo más probable es que te estés preguntando qué tiene que ver todo esto con planificar, así que vamos a contártelo.

El mapa de ruta de la efectividad personal

Todo lo que te hemos contado hasta ahora en este capítulo tenía como objetivo traerte hasta aquí, al mapa de ruta de la efectividad personal. Creemos que los breves recorridos que hemos realizado contigo a través de la proactividad o de las herramientas de evaluación son imprescindibles para proporcionarte el contexto que necesitas de cara a orientarte con fluidez en este campo.

El resumen de lo que hemos visto hasta ahora es que mejorar la efectividad implica, en lo concreto, avanzar en el desarrollo de una serie de hábitos, y, en lo general, progresar en proactividad. También hemos visto que hay un punto de inflexión en el que la cantidad y la progresión de los hábitos proactivos que habrás desarrollado superará a la de los hábitos reactivos y que, a partir de ese momento, te podrás considerar una persona proactiva y, por consiguiente, efectiva. En otras palabras, serás una persona satisfecha con lo que hace y con cómo lo hace.

Nuestro primer libro estaba pensado para personas que se acercaban por primera vez a la mejora de la efectividad y que habían intentado otros métodos sin los resultados deseados. Lo normal, por tanto, es que tuvieran desarrollados muy pocos hábitos de efectividad o incluso ninguno.

Por este motivo, el contenido del primer libro está dedicado casi en exclusiva a los hábitos reactivos (decimos «casi» porque hay hábitos que se pueden considerar reactivos o proactivos dependiendo de cómo se usen; de hecho, es algo que sucede con muchos de los que ya hemos hablado aquí).

Como decíamos en los primeros capítulos, este libro está pensado y escrito para que lo pueda aprovechar todo el mundo, sin excepciones. Da igual en qué punto del recorrido te encuentres en cuanto a tu efectividad personal o si dispones o no de una mente extendida.

Ahora bien, si ya has leído *Recupera tu vida con una mente extendida* y, sobre todo, si ya has aplicado sus enseñanzas y utilizas una mente extendida de manera habitual, entonces estarás en inmejorables condiciones para exprimirlo en todo su potencial. Nos referimos a que este libro está centrado en los hábitos que rodean al punto de inflexión del que hablábamos. Por lo tanto, contiene los hábitos tanto reactivos como proactivos que te permitirán alcanzar este punto, superarlo y seguir avanzando en efectividad.

Por otra parte, el mapa de ruta que hemos establecido para los tres libros de la serie «Mente extendida» es el mismo que sigue el método OPTIMA3® en el que están basados (el libro que escribiremos a continuación de este se centrará en los hábitos proactivos más potentes y en la personalización de tu mente extendida). No es un mapa trazado al azar, sino que tiene una buena razón de ser.

Nosotros somos poco amigos del «café para todos» y sabemos por experiencia dos cosas: que no todos los recorridos son iguales en efectividad personal y que cada persona es un mundo, ya que la variedad de casuísticas individuales es enorme. Por ejemplo, conocemos a personas en posiciones directivas que, por su trabajo, se han visto en la necesidad de desarrollar algunos de los hábitos más proactivos y que, sin embargo, apenas conocen los reactivos. Con todo, no dejan de ser excepciones al caso general, que es en el que nos hemos fijado para diseñar el mapa de ruta, tanto del método como de los libros.

El aprovechamiento del método debería ser independiente de por qué punto accedas a él o del libro por el que empieces. Dicho esto, creemos que hay una opción que facilita las cosas y por eso es la que hemos seguido: empezar por los hábitos reactivos y después incorporar de manera progresiva los hábitos proactivos.

La mayoría de los hábitos relacionados con la planificación se encuentran en un punto intermedio del recorrido. En concreto, alrededor del punto de inflexión definido por la proactividad. Por consiguiente, cuanto más cerca estés de este punto en el desarrollo de tu efectividad —es decir, cuando mayor sea la convergencia entre donde estás tú y donde están los hábitos asociados a la planificación—, más evidente te resultará la potencia de lo que te hemos contado, más aprovecharás el contenido de este libro y más rápido avanzarás hacia la efectividad óptima.

25

Rediseña tu vida
con la planificación proactiva

Confiamos en haberte transmitido el descomunal impacto que la proactividad tendrá en tu bienestar. También esperamos haberte convencido de que desarrollar este hábito será la clave para acercarte cada vez más a la efectividad óptima. Este punto de inflexión marcará un antes y un después en tu vida y en tu trabajo, porque la proactividad no solo te acercará a esa efectividad óptima, sino que te convertirá en el agente activo que dirigirá y moldeará tu propio bienestar.

Antes de terminar este libro, queremos ubicar en su contexto todo lo que has aprendido a lo largo de sus páginas.

Cuando apliques la TARO3® (Técnica para Aclarar Resultados Opacos en 3 fases) lo harás de manera reactiva. Tendrás un resultado sobre el que necesitarás ganar claridad y recurrirás a esta técnica para obtenerla. En este caso, el resultado precederá a la aplicación de la técnica y por eso hablaremos de «planificación reactiva»: estarás reaccionando ante la necesidad de claridad para poder avanzar.

Por otro lado, las TEDRO (Técnicas Exploratorias para Descubrir Resultados Ocultos) forman parte de lo que llamamos «planificación proactiva». Aquí la secuencia se invertirá: aplicarás las técnicas para descubrir resultados que aún no hayas identificado. En este caso, los resultados surgirán como consecuencia de aplicar las técnicas —los descubrirás al aplicarlas—, lo que convierte a esta forma de planificar en proactiva.

Las listas *ad hoc* se encuentran en un punto intermedio entre lo reactivo y lo proactivo. La creación de estas listas será reactiva: surgirá una necesidad y decidirás crear una lista *ad hoc* para gestionarla. Sin embargo, su verdadera utilidad dependerá de que las revises de forma proactiva. Si no lo haces, será como si no las tuvieras.

Ahora retomemos el concepto de «planificación proactiva», que será uno de los ejes centrales del próximo libro, el tercero y último de la trilogía «Mente extendida».

La planificación proactiva sigue una secuencia similar a la que hemos visto con las TEDRO: primero aplicarás una técnica, y de ella surgirán uno o más resultados. La diferencia clave radica en el tipo de resultados que generarás. Mientras que los resultados con los que trabaja la planificación reactiva son cotidianos, los que estarán involucrados en la planificación proactiva serán de otro tipo: aquellos que te permitirán diseñar tu vida.

De aquí nace el concepto que representa la máxima aspiración en el ámbito de la efectividad personal: «diseño de vida»; al que a partir de ahora nos referiremos como *life design*.

El principio básico del *life design* es sencillo: la Tierra no es plana y tu vida tampoco. En lugar de verla como un todo único y en dos dimensiones, preferimos imaginarla como una estructura multidimensional y colorida, formada por diferentes planos o dimensiones vitales. Estas dimensiones variarán considerablemente, tanto entre personas como a lo largo de la vida de un mismo individuo.

A esta estructura compleja la llamamos «poliedro vital». Cada persona tiene su propio poliedro vital, único e irrepetible, con diferentes formas, colores y tamaños en sus caras. Este poliedro está en constante evolución: cambia su forma, el número de sus caras e incluso sus colores, reflejando las transiciones y los cambios de cada etapa de tu vida.

La planificación proactiva toma como punto de partida este poliedro vital y, a partir de él, te permite diseñar una vida alineada con lo que realmente es importante para ti, ofreciéndote las herramientas necesarias para tomar el control de tu evolución y acercarte cada vez más al bienestar que deseas.

En resumen, al igual que este libro te permitirá planificar tu éxito en el día a día, con el próximo aprenderás a planificar y diseñar tu vida desde una perspectiva más elevada y alineada con tu propósito, donde la proactividad será el pilar sobre el que construirás tu bienestar a largo plazo.

26

Planificar es un viaje proactivo hacia la claridad

Llegamos así al final de este apasionante viaje. Un viaje proactivo hacia la claridad en el que, desde el primer momento, te invitamos a desarrollar tu sentido crítico, abandonar los lugares comunes y explorar perspectivas alternativas a las planteadas por la planificación tradicional y la gestión del tiempo.

Comenzamos viendo que los términos «plan», «planificar» o «planificación» albergan una diversidad de significados que distan mucho de ser homogéneos. Después de indagar en ellos, sintetizamos y dimos forma a lo aprendido, enunciando las Tres Leyes de la Planificación.

Luego continuamos nuestro recorrido aclarando que solo tú puedes definir tu éxito y que contar con una mente extendida es una gran ayuda para planificar con efectividad. Después te prevenimos ante una trampa común: la confusión entre «planificar» y «calendarizar». Profundizamos en los motivos que empujan a caer en ella y no solo descubrimos el veneno de la sobreplanificación, sino que incluso nos acercamos a su lado más oscuro durante una visita al Coliseo.

Aprendida la lección de que los planes siempre cambian (o dejan de serlo y se convierten en algo distinto), buscamos un antídoto contra el veneno sobreplanificador y encontramos la planificación adaptativa, un enfoque nuevo y disruptivo basado en la claridad, que se centra en lo que de verdad puedes controlar y, sobre todo, en el presente.

Después de efectuar un breve recorrido a través de diversas técnicas para ver más allá de lo evidente —como la visualización y los mapas mentales—, tuvimos ocasión de aprender y practicar la TARO3®, una técnica sencilla y poderosa con la que podremos convertir cualquier resultado opaco en transparente.

Conocer la TARO3® nos enseñó la importancia de empezar cualquier plan ganando claridad sobre el resultado real que queremos conseguir, con todos sus matices. Suponer nunca es suficiente. Por eso es esencial constatar lo que de verdad quieres y también tener claro para qué lo quieres, cómo encaja en tus valores y bajo qué condiciones de contorno actuarás para lograrlo.

También nos brindó la oportunidad de comprender el enorme valor que tiene la previsión, así como de practicarla. Ahora disponemos de tres técnicas complementarias —el *brainstorming*, el *pre-success* y el *pre-disaster*— que nos mantendrán a salvo de las suposiciones y de los excesos de optimismo o pesimismo.

Una vez ganada la claridad que buscábamos, vimos cómo aprovecharla y mantenerla: primero, despojándola de cualquier resto de oscuridad; luego, aplicándola a la planificación adaptativa; y, finalmente, organizándolo todo para no tener que repetir el mismo proceso una y otra vez.

Nos encantaría que la TARO3® aportara a tu vida al menos tanto como aporta a las nuestras; por eso cerramos esta primera etapa recorriendo contigo un ejemplo práctico, para disipar cualquier duda que pudiera quedarte sobre cómo aplicarla (¡y tener por fin el baño de tus sueños!).

Superada la primera mitad del viaje, ya contábamos con todas las herramientas necesarias para planificar con éxito (adaptativamente, por supuesto); llegaba, por tanto, la hora de la ejecución.

Antes de profundizar en ella te presentamos la MEB, la Matriz de Enfoque para el Bienestar, una brújula con la que siempre sabrás dirigir tu energía hacia lo que de verdad importa y contribuye a tu felicidad.

Retomamos el camino refrescando los conceptos de «actividad» y «resultado», y recordando el inmenso valor de contar con una lista «Resultados», el complemento ideal para tu MEB.

Para asegurar que esta lista esté siempre completa y actualizada, compartimos contigo algunas buenas prácticas sencillas que te permitirán ejecutar con elegancia. Al profundizar en ellas, nos dimos cuenta de que hay resultados que aún no reconocemos como tales y que, por eso, es como si fueran invisibles. Esto nos llevó a aprender que la forma de resolver este problema es aplicar las TEDRO, una serie de técnicas exploratorias específicas para descubrir resultados ocultos.

Continuamos nuestro viaje comprobando que, además de mantener la lista «Resultados» en condiciones óptimas, es necesario utilizarla de la forma adecuada; solo así te será útil para ejecutar tus planes y conseguir tus resultados.

También comprendimos cómo redactar resultados poderosos contribuye a la claridad, nos recuerdan su propósito y nos motivan a alcanzarlos. Finalmente, terminamos esta segunda parte viendo de qué modo aplicar todas estas buenas prácticas si no cuentas con una mente extendida.

Nos acercábamos al final del viaje, pero no sin antes descubrir las listas *ad hoc*, un recurso ilimitado para maximizar tu efectividad. Ahora sabes que, gracias a ellas, no solo ahorrarás una cantidad enorme de energía mental (al no tener que recordar, pensar y decidir una y otra vez sobre las mismas cosas), sino que mejorarás de manera drástica tu capacidad para elegir en todo momento lo que tiene más sentido hacer. En otras palabras, darás un salto hacia la maestría con el que multiplicarás tu eficiencia y tu eficacia. Con un beneficio adicional: notarás una reducción significativa en el número de «imprevistos» que aparecen en tu vida.

Como el de las listas *ad hoc* es un mundo sin fronteras —pues existe una lista para cada necesidad—, definimos sus características comunes más relevantes para saber identificarlas de forma rápida y sencilla.

También compartimos contigo una propuesta de clasificación, conscientes de que puede haber otras muchas que se nos escapen:

- Listas de apoyo a la ejecución (tipo almacén y tipo lote).
- Listas tipo *standby*, para diversas situaciones puntuales o infrecuentes.
- Listas tipo guion, para tus procesos, procedimientos y *workflows*.

Completadas las etapas destinadas a la ejecución, enfilábamos el final del viaje con un breve recorrido en el que aprendimos una palabra mágica: proactividad.

«Proactividad» significa aceptar lo que no puedes controlar y centrarte en lo que sí puedes influir (usando la MEB); ver los obstáculos como oportunidades para reajustar tu plan, aprender y seguir creciendo; entender que los contratiempos no son fracasos, sino parte esencial de la vida y del camino hacia tu éxito.

Planificar es en sí un acto proactivo: visualizas y defines el éxito, prevés el futuro, anticipas dificultades y decides cómo superarlas; porque no podemos adivinar el futuro, pero sí prepararnos para afrontarlo.

Al igual que este libro, el éxito —tu éxito— es un viaje, no un destino. La ejecución es un puente entre tu visión y la realidad; cada paso, grande o pequeño, te acerca a conseguir algo que es significativo para ti.

Este viaje que ahora termina nos deja una enseñanza clave: la flexibilidad es nuestra mayor fortaleza. A lo largo del libro has aprendido a navegar la incertidumbre, a engranar planificación y ejecución, y a reevaluar tus decisiones en función de las circunstancias. Gracias a ello, sabes transformar la confusión en claridad y los desafíos en oportunidades. Pero la lección más importante es que no se trata de «seguir el plan», sino de ir creándolo a medida que avanzas.

Como dijo Julio César: «Cuando lleguemos a ese río, cruzaremos ese puente». Ahora cuentas con todas las herramientas necesarias para afrontar con confianza cualquier río que la vida te ponga por delante. Sabemos que, por muy ancho que sea, podrás cruzarlo y alcanzar tu éxito.

Anexo 1

Diferencias y semejanzas entre procesos, procedimientos y *workflows*

En este primer anexo vamos a aclarar las diferencias y semejanzas entre tres conceptos que juegan un papel clave en la efectividad personal: procesos, procedimientos y *workflows*. Aunque a menudo se utilizan indistintamente, cada uno tiene características que lo hacen único y adecuado para distintas necesidades. Eso sí, para aprovechar su potencial al máximo, es esencial tener claro cuándo y cómo utilizar cada uno.

Un proceso es una vista de alto nivel que se centra principalmente en el «qué» se quiere lograr. Los procesos suelen incluir tanto actividades como resultados, y están diseñados para ofrecer una perspectiva general sobre cómo alcanzar estos últimos. Aunque de manera ocasional pueden incluir algunos detalles sobre «cómo» hacer algo, su propósito principal no es ese, sino mostrar las etapas clave que conducirán al resultado. Los procesos suelen ser útiles cuando trabajas con resultados complejos o a largo plazo, en los que es esencial mantener una perspectiva global durante todo el tiempo que dure la ejecución.

Un procedimiento, por otro lado, es una vista más detallada que un proceso y, a diferencia de este, se centra en el «cómo», es decir, en las instrucciones precisas para realizar actividades específicas.

Los procedimientos sacrifican la visión amplia en favor de la claridad operativa, ya que su misión es eliminar cualquier ambigüedad que pueda surgir sobre qué hacer o cómo hacer algo en cada momento. También son especialmente útiles siempre que necesites rigor o precisión, por ejemplo, para asegurarte de que se sigan una serie de pasos concretos, cuando necesitas cumplir con ciertos estándares o si quieres garantizar resultados consistentes.

Los *workflows*, a diferencia de los procesos y procedimientos, son más dinámicos y flexibles. Mientras que estos últimos tienden a ser lineales y seguir un camino claro hacia el resultado, un *workflow* incluye puntos de decisión que alterarán el curso de acción en función de las circunstancias o decisiones tomadas. Los *workflows* no solo establecen una secuencia de actividades, sino que también permiten que los flujos de trabajo se ramifiquen o se adapten en tiempo real, lo que los convierte en las herramientas ideales para gestionar situaciones en las que haya múltiples posibles resultados o caminos a seguir. De hecho, un *workflow* puede conducir a una variedad de procesos o procedimientos diferentes según las decisiones que se tomen durante su ejecución.

Un ejemplo muy sencillo de lo que acabamos de explicar sería el siguiente:

- **Proceso:** Preparar un informe mensual (actividades como recopilar datos, analizarlos, redactar el informe y enviarlo).
- **Procedimiento:** Instrucciones concretas para cada paso anterior, por ejemplo, para enviar un informe: abrir Excel, completar plantilla, guardar y enviar por correo.
- ***Workflow:*** Flujo de aprobación del informe (elaboración → revisión por supervisor → aprobación → envío).

En resumen, tanto los procesos como los procedimientos y *workflows* tienen su lugar en la efectividad personal y, en concreto, en la gestión de resultados.

Los procesos te proporcionarán una vista global y estratégica del resultado que desees alcanzar; los procedimientos, por su parte, te brindarán la precisión necesaria para asegurar que cada paso se ejecute correctamente; y los *workflows* te permitirán ser tan flexible como necesites para adaptarte a las circunstancias cambiantes, guiando las decisiones que determinarán el curso de acción.

Te recomendamos que dediques un tiempo a comprender e interiorizar estas diferencias y semejanzas, ya que necesitarás esta claridad para elegir la herramienta que se adapte mejor a cada momento y circunstancias, maximizando con ello su utilidad.

Anexo 2

Los ejemplos, mejor buenos y al final

En este segundo anexo queremos compartir contigo algunas reflexiones sobre el uso de ejemplos en formaciones, especialmente en el ámbito de la efectividad personal. A lo largo de nuestra experiencia como formadores en este campo, hemos observado cómo determinados enfoques a la hora de elegir y presentar los ejemplos no solo arrojan resultados distintos a los esperados, sino que en ocasiones estos son contraproducentes e incluso desastrosos. Por eso queremos compartir contigo en las próximas líneas qué hace que un ejemplo sea verdaderamente útil y cómo presentarlo de manera que refuerce el mensaje que deseas transmitir.

La primera mala práctica habitual es elegir ejemplos inapropiados. Esto ocurre porque, en muchos casos, la selección del ejemplo se basa solo en las preferencias personales del formador, o se escogen ejemplos «vistosos» con el objetivo de impresionar o llamar la atención. Si bien estos criterios pueden resultar útiles en una conversación informal, desde una perspectiva didáctica son inadecuados, ya que no suelen contribuir a facilitar el aprendizaje.

Para nosotros, el propósito de un ejemplo es siempre reforzar el mensaje que se está transmitiendo. Por citar algunos de estos posibles propósitos, si se trata de una afirmación, el ejemplo debería demostrarla; si es un concepto, darle forma; y si es una práctica, mostrar cómo aplicarla.

En línea con este enfoque, cualquier ejemplo que no cumpla por completo con su propósito —o que lo haga solo a medias— no será adecuado y, por tanto, su elección será una mala decisión desde el punto de vista didáctico.

El criterio clave para evaluar la calidad de un ejemplo es la reacción que genera en la audiencia. Si una parte significativa de esta no lo entiende o no se siente identificada con él, representada por él o incluida en él, estaremos ante un mal ejemplo. Y cuanto mayor sea el porcentaje de personas que se sientan excluidas, peor ejemplo será. El caso extremo de mal ejemplo es aquel que, además de no generar ningún sentimiento de inclusión, provoca el rechazo de una parte de la audiencia.

Para saber si un ejemplo que estemos valorando es bueno o no, tenemos que comprobar si reúne las tres características fundamentales siguientes:

1. La primera es que sea universal, es decir, comprensible para todo el mundo sin necesidad de dar explicaciones y sin que su comprensión se vea afectada por los diversos perfiles sociológicos que puedan existir en la audiencia (en cuanto a edad, género, ocupación, etc.).
2. La segunda característica es que sea extrapolable, para que se pueda aplicar con facilidad a otros casos o situaciones diferentes.
3. La tercera y última es que sea versátil, de modo que resulte sencillo de adaptar, escalar o modificar para crear otros ejemplos similares a partir de él.

Lo que queremos destacar con todo esto es que, de acuerdo con nuestra experiencia, el verdadero desafío cuando se desarrolla una formación no es tanto que se entienda bien la teoría, sino encontrar o construir los ejemplos adecuados para apoyar su comprensión. De hecho, podríamos afirmar que, en comparación con el reto de contar con buenos ejemplos, explicar bien la teoría es la parte fácil del proceso.

Así que haznos caso y, cuando encuentres un buen ejemplo, no lo dejes escapar, porque con los buenos ejemplos pasa lo mismo que con los buenos amigos: quien tiene uno, tiene un tesoro.

Volvamos ahora al ejemplo que utilizamos para ilustrar la TARO3® y que ya conoces: reformar el cuarto de baño.

Lo primero que probablemente te llame la atención es que, a primera vista, no parece un ejemplo demasiado atractivo. Esto sucede a menudo con los buenos ejemplos y te conviene tenerlo presente para que no se te pasen por alto auténticas joyas didácticas como esta. ¿Por qué decimos que es una joya didáctica?

En primer lugar, y lo que es más importante, porque cumple con el requisito de universalidad. Todo el mundo lo entiende sin necesidad de explicaciones, ya que casi todo el mundo ha tenido alguna experiencia con obras o reformas, bien de manera directa o a través de conocidos.

En segundo lugar, es una joya didáctica porque también cumple con el requisito de ser extrapolable. Lo que se puede aplicar a la reforma de un baño se puede aplicar también en otros muchos escenarios como acondicionar el cuarto del bebé, cambiar la cocina, decorar el salón, ajardinar una parcela, ampliar una oficina o realizar una mudanza, ya sea personal o profesional.

Finalmente, es una joya didáctica porque se trata de un ejemplo versátil, ya que la reforma del baño ofrece una infinidad de opciones y variantes, lo que permite adaptarlo a diferentes gustos, necesidades y presupuestos.

A modo de anécdota, además de ser una joya didáctica es también un ejemplo que ya utilizamos con éxito en *Recupera tu vida con una mente extendida* y nos pareció una excelente idea seguir utilizándolo en este libro.

La segunda mala práctica habitual es intercalar ejemplos en medio de explicaciones teóricas extensas. Esto rara vez funciona bien, ya que es complejo encontrar un equilibrio adecuado entre la calidad del ejemplo y la brevedad necesaria para no interrumpir el flujo de la teoría.

Si optas por la calidad, dedicarás el tiempo necesario para ilustrar la teoría con buenos ejemplos. El problema es que, aunque sean breves, los buenos ejemplos siempre requieren un mínimo de tiempo. Esto hará que mucha gente pierda el hilo de la explicación teórica y luego les cueste retomarla. Si esta situación se repite a lo largo de la formación —cada vez que expliques un concepto nuevo—, la experiencia puede volverse agotadora para los alumnos, y muchos acabarán perdiéndose por completo.

La opción alternativa es apostar por la brevedad e insertar ejemplos muy cortos después de cada nuevo concepto. De esta forma, la explicación teórica apenas se interrumpe y sigue fluyendo. Sin embargo, el problema casi inevitable es que los ejemplos breves tienden a ser malos ejemplos, ya que su brevedad los hace parciales e incompletos, con lo que, al final, confunden más que aclaran.

Desde la perspectiva opuesta, que es la que nosotros proponemos, dejar los ejemplos para el final ofrece tres grandes ventajas:

1. Facilita su acceso y consulta, ya que no es necesario recorrer toda la explicación teórica para «rescatar» los fragmentos del ejemplo y reconstruirlo.
2. Refuerza la práctica del *batch-processing* («trabajo por lotes»), que explicamos en nuestro primer libro y que nunca dejaremos de recomendar. Esto permite centrar la atención en entender la teoría o en aplicarla, en vez de intentar con poco éxito hacer ambas cosas al mismo tiempo.

3. Permite desarrollar los ejemplos sin limitaciones, con la extensión y el nivel de detalle que sea preciso, ofreciendo así una visión completa de lo que se quiere transmitir y con todos los matices necesarios.

En resumen, si quieres que la audiencia aproveche al máximo tus ejemplos y no se pierdan durante las explicaciones, sigue estas dos buenas prácticas: dedica tiempo a elegir los ejemplos adecuados y déjalos para el final, una vez hayas explicado toda la teoría.

Anexo 3

Ejemplo de herramienta de autoevaluación competencial

En este tercer y último anexo queremos mostrarte cómo funciona un modelo competencial sencillo para autoevaluar tu efectividad personal. El modelo de ejemplo evalúa un subconjunto de veinte comportamientos clave relacionados con esta competencia. Faltan los comportamientos que abordaremos en el tercer libro, todos ellos relacionados con la proactividad. Nuestra intención es publicar entonces el modelo completo, también como un anexo del tercer libro.

La escala de evaluación que utilizamos es la misma para todos los comportamientos. Se trata de una escala de seis niveles, que va del nivel mínimo al máximo en función de tu grado de dominio sobre cada comportamiento. Cada valor de la escala tiene asociada una puntuación:

- No sé de qué va: 0 puntos.
- Sé de qué va, aunque no sé aplicarlo: 1 punto.
- Sé aplicarlo, aunque no lo aplico: 2 puntos.
- Lo aplico, aunque no siempre: 3 puntos.
- Lo aplico siempre, aunque me cuesta: 4 puntos.
- Lo aplico siempre, sin esfuerzo: 5 puntos.

En cuanto a los comportamientos, son los siguientes:

1. Uso un sistema externo —fuera de mi cabeza— para gestionar recordatorios.
2. Cuando aparece algo en mi entorno con un significado especial para mí, lo «aparco»* y sigo con lo que estaba haciendo.
3. Vacío mis «aparcamientos» pensando y decidiendo sobre los elementos que contienen.
4. Pienso, decido y defino la siguiente actividad física y visible para todas las cosas sobre las que voy a hacer algo.
5. Cuando identifico una actividad física y visible que puedo hacer en un instante, la hago en el momento.
6. Utilizo listas situacionales®** diferenciadas para los recordatorios de mis actividades.
7. Siempre que tiene sentido, empleo recordatorios de los resultados que quiero conseguir.
8. Cuando, después de decidir su significado, decido también conservar algo, tengo clara su utilidad.
9. Detecto con facilidad el momento en el que mi sistema de organización necesita una revisión de mantenimiento*** y la hago.
10. A la hora de elegir qué hacer, considero todas las opciones disponibles y elijo la que tiene más sentido en ese momento.

---

* «Aparcar» es dejar un recordatorio temporal de un objeto —en el mismo instante en que aparece— en alguno de los lugares específicos designados para ello llamados «aparcamientos».

** Un tipo de listas que se consultan en situaciones habituales concretas: «Al...», «Cuando...», «En...», «Con...», etc.

*** Una revisión de mantenimiento consiste en revisar todos tus recordatorios, no para elegir qué hacer, sino para validar su vigencia, decidir sobre ellos y reorganizarlos si es preciso.

11. En lugar de hacer lo último que me llega o lo primero que me pasa por la cabeza, utilizo un sistema externo de recordatorios para elegir con confianza qué hacer en cada situación.

12. Cuando completo una actividad, evalúo qué ha cambiado en mi mundo y, si tiene valor potencial para mí, lo «aparco».

13. Los recordatorios de mis resultados reflejan con claridad el propósito de lo que quiero conseguir.

14. Personalizo mis listas de resultados para facilitar al máximo mi reflexión sobre ellos durante la revisión de mantenimiento.

15. Busco resultados ocultos (no evidentes) con la frecuencia necesaria para mantener completo mi sistema de organización.

16. Tengo y utilizo las listas *ad hoc** necesarias para mantener completo mi sistema de organización.

17. Soy consciente de que algunos de mis resultados son difíciles de reconocer como tales (opacos), por lo que aplico las técnicas necesarias para identificarlos.

18. Conozco los factores que pueden limitar la utilidad de mi lista de resultados y aplico las buenas prácticas necesarias para evitarlos.

19. Sé reconocer la diferencia entre un plan, un procedimiento y un *workflow*, y gestiono cada uno de ellos con las técnicas adecuadas correspondientes.

20. Aplico la planificación adaptativa para evitar los riesgos de la sobreplanificación.

A partir de aquí, la autoevaluación es muy sencilla. Consiste en responder a cada una de las veinte afirmaciones con la máxima

---

* Son listas para todo tipo de situaciones no habituales (cualquier lista no situacional).

sinceridad y objetividad posibles, eligiendo para ello la respuesta de la escala que mejor refleje la realidad.

Cuando termines, suma los puntos asociados a cada respuesta. El resultado total puede estar entre 0 y 100, lo que te permitirá hacerte una idea bastante aproximada de qué tal es tu efectividad actual. De todos modos, no te centres demasiado en ese valor, porque su importancia es relativa. Se trata solo de una «foto inicial», un punto de referencia.

Lo realmente importante es que repitas el ejercicio cada cierto tiempo y vayas comparando tus resultados. Si los resultados más recientes son mejores que los anteriores, aunque sea por muy poco, significa que estás progresando en la dirección correcta. En caso contrario, es posible que estés intentando abarcar más de lo que tu capacidad de cambio te permite. Si crees que este es tu caso, te recomendamos que ajustes tus expectativas a algo más realista (menos ambicioso) y vuelvas a intentarlo.

Recuerda: lo importante no es lo rápido que avances ni lo lejos que llegues, sino mantener la tendencia adecuada. El progreso sostenido y a tu propio ritmo es lo que, a la larga, marcará la diferencia.

Agradecimientos

No hay plan perfecto que sobreviva al contacto con la realidad, pero lo que sí perdura es nuestra gratitud hacia quienes nos ayudan a que todo tome forma.

Este libro está dedicado a aquellas personas valientes que ven el cambio no como un obstáculo o una amenaza, sino como una oportunidad para crecer. Admiramos a quienes, lejos de quedarse en su zona de confort, intentan ampliarla, atreviéndose a cuestionar lo establecido, a probar y experimentar, a acertar y fallar, sabiendo que cada paso que dan los acerca un poco más a la mejor versión de sí mismos.

Queremos hacer un reconocimiento especial a las personas que, con su generosidad, cariño y compromiso, nos han ayudado a hacer de este libro lo que es. Desde estas líneas, nuestro agradecimiento más sincero para vosotros, nuestros *betareaders*: Jaume Vigatà, Anna Fortuny, Pablo Zalbidea, Carlos Mota, Alba Ruiz-Moreno, Irene Sanz, Jordi Terrades, Lluís Campderrich, Mónica López, Luis X. González, Luis Alberto Iglesias, Irene Bolívar y Mario Pascual.

Este libro tampoco sería lo que es sin el trabajo y la profesionalidad de nuestra editora, Alba Adell, y de todo el equipo editorial de Penguin Random House. Gracias por hacer siempre tan fácil el proceso de publicación. Este es el segundo libro de la trilogía «Mente extendida» que publicamos juntos, y trabajar con vosotros sigue siendo una experiencia inmejorable.

También queremos expresar el más sincero agradecimiento a nuestros clientes y a todas las personas que participan en nuestros cursos, por confiar en nosotros y permitirnos acompañarlos en su aventura hacia la efectividad óptima. Vuestra interacción y *feedback* constantes son esenciales para que sigamos desarrollando una metodología práctica, realista y con los pies en el suelo.

Asimismo, queremos dedicar unas palabras en memoria de Rubén García, *betareader* de nuestro anterior libro y compañero de aprendizaje durante muchos años en el fascinante mundo de la efectividad personal. Siempre lo recordaremos con gran aprecio.

Por último, gracias a vosotros, quienes leéis nuestros libros, por destinar vuestro tiempo y atención a explorar y aplicar nuestras ideas. Vuestra curiosidad y disposición para aprender son la razón por la que seguimos compartiendo nuestro trabajo con entusiasmo.

Gracias por mostrarnos que el verdadero valor de cualquier resultado está en las personas que lo impulsan.

Jordi:

La planificación puede guiar tus pasos, pero son los momentos imprevistos y las personas que los comparten quienes realmente dan forma al viaje.

Mi primer agradecimiento es para Lourdes, quien cada día se enfrenta al reto de lidiar conmigo. Gracias por ser una auténtica activista de la procrastinación que me desafía y equilibra, prueba viva de que los polos opuestos, efectivamente, se atraen.

A Júlia y Manel, quienes aún están a tiempo de esculpir lo que desean ser. Que nunca os falte la imaginación para planear ni el coraje para improvisar.

A mi familia y amigos, la constante que permanece firme en todos los planes, incluso cuando el mundo cambia de rumbo sin previo aviso. Gracias por estar ahí siempre, sin importar las circunstancias.

A todas aquellas personas que, en momentos inesperados, se convirtieron en maestras sin saberlo. Gracias por las lecciones que aparecieron en el terreno de lo impredecible, por dejar una huella que cambió el curso de mi historia de maneras que ni yo mismo podía imaginar.

Y, para terminar, cómo no, a José Miguel, compañero de planes, procesos, procedimientos y *workflows*. Gracias por enseñarme a cuestionar, a mejorar y a no conformarme con el «así se ha hecho siempre». Eres un recordatorio de que el verdadero crecimiento nace del rigor, la curiosidad y la pasión por hacer las cosas bien.

José Miguel:
Escribir este libro es un resultado que nació con un propósito claro, pero son las personas que están a nuestro lado quienes le dan verdadero significado.

Quiero empezar agradeciendo a mi familia el ser mi ancla y mi refugio durante este exigente viaje. Gracias por vuestro apoyo incondicional y por entender los retos de esta aventura, con sus momentos de euforia, frustración y agotamiento.

Paz, mi mujer, merece una mención especial: siempre a mi lado con paciencia infinita, dispuesta a escucharme y ayudarme a aclarar y dar forma a mis ideas. Gracias, Paz, por tu honestidad, tu apoyo constante y por ser mi equilibrio, incluso en los momentos más exigentes.

Mi hija Irene ha vuelto a ser una pieza clave en este proceso, colaborando como *betareader* por segunda vez. Gracias, Irene, por tus ánimos constantes y por ayudarme a ver las cosas desde nuevas perspectivas.

Trabajar con Jordi, mi socio y amigo, es siempre un placer. Nuestra colaboración es como un engranaje bien ajustado en el que todas las piezas se complementan y encajan en una armonía casi perfecta. Gracias, Jordi, por tu infinita paciencia y por aportar al proceso creativo la claridad que tantas veces necesitamos. Siempre estás dispuesto a hacer un esfuerzo adicional para que todo salga bien, manteniendo nuestro enfoque y recordando lo que realmente importa.

Mi agradecimiento también para Carlos Martínez, editor de mi primer libro, *Productividad personal: aprende a liberarte del estrés con GTD®*. Tú fuiste quien me descubrió como escritor, confiaste en mí y me diste el espacio necesario para desarrollar mi creatividad. Buena parte de la culpa de esta trilogía «Mente extendida» es tuya, y por eso no puedo dejar de agradecerte por tu persistencia y apoyo a lo largo de todos estos años. Te deseo mucho éxito en tus proyectos futuros, y ya sabes que siempre puedes contar conmigo.

Por último, quiero manifestar un agradecimiento especial a mis amigos, a quienes tengo siempre presentes, aunque en estos momentos de escritura intensa tal vez haya parecido lo contrario. Gracias por vuestra comprensión y por ser una constante en mi vida.

«Para viajar lejos no hay mejor nave que un libro».

EMILY DICKINSON

Gracias por tu lectura de este libro.

En **penguinlibros.club** encontrarás las mejores
recomendaciones de lectura.

Únete a nuestra comunidad y viaja con nosotros.

penguinlibros.club

Penguin
Random House
Grupo Editorial

penguinlibros